暴政

20世紀の歴史に学ぶ 20のレッスン

Timothy Snyder, On Tyranny: Twenty Lessons from the Twentieth Century

ティモシー・スナイダー＝著　池田年穂＝訳

慶應義塾大学出版会

政治においては、騙された、というのは言い訳にはならない。

――レシェク・コワコフスキ

目次

プロローグ◆歴史と暴政

「歴史は繰り返す」と言われますが、そんなことはありません。けれど、教訓を与えてくれるのは確かです。アメリカの建国の父たちが憲法起草を議論した際に、彼らは自分たちの知っている歴史から教訓を引き出しました。彼らが思い描く民主的な共和国が崩壊してしまうことに懸念を抱いた建国の父たちは、古代の民主制や共和制が寡頭政治《オリガーキー》や帝国に堕落してしまったことについて熟考しました。彼らの知識ではこうでした――アリストテレスは不平等が不安定をもたらすと警告しましたし、他方プラトンは、僭主《タイラント》としての座に就くためにデマゴーグが言論の自由を悪用すると考えていました。法に則って民主的な共和国をうち立て、チェックアンドバランスの仕組みを構築するのに際して、建国の父たちは、古代の哲学者たちの言葉を借りて僭主制《ティラニー》と呼ぶもの、近代風に暴政や専制と呼んだ方が良いでしょうが、それを防ごうとしました。彼らが頭の中に描いていたのは、単一の個人ないし集団による権力奪取とか、支配者が自分の利益のために法を回避することでした。アメリカ合衆国においてその後も続いて起きた政治論議のかなりの部分が、現在に至るまで、アメリカ社会における暴政《ティラニー》の問題に関わるものでした。たとえば、奴隷に対する暴政、婦人に対する暴政のようにです。

よって、自分たちの政治秩序が危機に曝されているように思えるときには歴史を温《たず》ねることが、建国初期からのアメリカの伝統です。仮に私たちがいま現在、アメリカの実験が暴政によって脅かされていると心配をしているなら、私たちは建国の父たちの例に倣って、他の民主制と共和制の歴史を熟慮の対象にできるのです。良い知らせは、私たちが古代ギリシアや古代ローマよりも最近のしかも適切な例を利用できることです。悪い知らせは、現代の民主制の歴史もまた衰亡の道を辿っていることです。アメリカ一三植民地が建国の父たちが暴政《ティラニー》と見なしたイギリスの君主制からの独立を宣言した一七七六年以降、ヨーロッパの歴史は、三回大きな民主的な局面を迎えました。一九一八年の第一次世界大戦の後、一九四五年の第二次世界大戦の後、そして一九八九年の共産主義の終焉の後です。この三つの転機に建設されたたくさんの民主制が、私たちを取り巻く現在の状況にいくつかの重要な点で似た状況の中で、破綻してしまったのです。

私たちは歴史になじみ、歴史から警告を受け取ることができます。一九世紀末には、二〇世紀末がそっくりなのですが、グローバルな貿易の拡大が進歩への期待を生み出しました。二〇世紀初めには、二一世紀初めがそっくりなのですが、進歩への期待は、指導者か党かが民衆の意志を直接的に代表していると言い張る民衆政治《マスポリティックス》という新しいヴィジョンによって異議を唱えられました。ヨーロッパの民主制は一九二〇年代、三〇年代には、右翼の、権威主義《オーソリタリアニズム》やファシズムへと堕落してしまいました。一九二二年に創設された共産主義のソヴィエト連邦は、一九四〇年代には共産主義モデルをヨーロッパに拡大しました。二〇世紀のヨーロッパ史が私たちに教えてくれるものは何かと言えば、社会が破綻するのも、民主制が崩壊するのも、道義が地に墜ちるのも、普通の男たちが銃を構えて死の穴の縁《へり》に立つのも、何もかもありうるのだということです。その理由を理解することは、こんにちの私たちにとって、たいそう役に立つはずです。

ファシズムも共産主義も、グローバリゼーションに対応するものとして出現しました。グローバリゼーションが生み出したほんものの目に見える不平等と、そうした不平等と取り組む点で民主制が無力であることにどう対応するかが課題だったのです。ファシストは意志の名のもと理性を拒絶しました——民衆に発言権を与えるのだと主張する指導者たちによって巧みに描き出された輝ける神話を選んで、客観的な真実は拒んだのです。彼らはグローバリゼーションの特色をはっきりと前面に出しました――そしてグローバリゼーションがつきつける複雑な問題の数々は、国家に対する陰謀の結果なのだと主張したのです。ファシストは、支配そのものは一〇年か二〇年に過ぎませんでしたが、後に完全な形での智恵を残していきましたし、その智恵は今や日に日に時世にそぐうものとなっているのです。ソヴィエト連邦で七〇年ほど、東ヨーロッパのほとんどで四〇年以上と、共産主義者の支配はもっと長いものでした。共産主義者が提案したのは教育を受けた「党エリート」による支配であり、党エリートは歴史の不変とされる法則に順《したが》って確かな未来へと社会を導く理性を専有していたのです。

　私たちは、「私たちが受け継いだ民主的な相続財産《ヘリテイジ》が自動的に私たちをそうした脅威から守ってくれる」、そう考える罠にはまりかねません。これは見当違いの反射作用です。実際に、建国の父たちによってつくられた先例に倣って、暴政の真因を理解し暴政への適切な対応をするためにこそ、歴史を精査するよう私たちは求められているのです。こんにちのアメリカ人は、二〇世紀に民主主義がファシズム、ナチズム、共産主義に屈するのを眺めていたヨーロッパ人よりも聡明なわけではありません。私たちにとって一つ有利な点を挙げれば、私たちがそうした二〇世紀のヨーロッパ人の経験から学べるだろうということです。今こそ、そうするのに適切な時機なのです。

本書では、こんにちの状況にふさわしいものとして、「二〇世紀の歴史に学ぶ二〇のレッスン」を取り上げてゆきます。

暴政

1 忖度による服従はするな

権威主義の持つ権力のほとんどは、労せずして与えられるものです。現在のような時世においては、個人は予《あらかじ》め、より抑圧的になるだろう政府が何を望むようになるかを忖度《そんたく》し、頼まれもしないのに身を献げるものです。このようにして適応しようとする市民は、権力に対して、権力にどんなことが可能かを教えてしまうのです。

忖度して服従するのは、政治的には悲劇をもたらします。おそらく、市民が何らかの価値や原理を、自ら進んで枉《ま》げるなどということを、支配者たちは初めは理解していませんでした。おそらく、世の新体制なるものも、あれやこれやと手を尽くして市民たちに直接に影響力を行使する、そんな手段を当初は持っていませんでした。アドルフ・ヒトラーに組閣を許した一九三二年のドイツの選挙、共産主義者が勝利を収めた一九四六年のチェコスロバキアの選挙の後の次なる重要なステップは何だったかというと、忖度による服従が見られたことでした。どちらの例においても、十分な数の人間たちが自発的に新たな指導者に精一杯の献身を示したからこそ、ナチスも共産主義者も同じように、「自分たちは速やかに完全な体制変革に進めるのだ」、そう気づいてしまったのです。熟慮を欠いた服従という初めの行為があったので、次の段階では逆戻りできないものとなってしまったのです。

一九三八年初めに、その頃までにはしっかりとドイツで政権の座を固めていたアドルフ・ヒトラーは、隣国オーストリアを併合すると脅していました。オーストリアの首相が譲歩した後、オーストリアのユダヤ人の運命を決めたのは、オーストリア人の忖度による服従でした。地元のオーストリア・ナチ党員はユダヤ人を捕まえ、ペンキで描いた独立オーストリアの徴《しるし》を取り去ろうと「舗道こすり」をさせました。決定的だったのは、ナチ党員でなかった一般人までもが興味津々、面白がってそれを傍観し、「舗道こすりパーティー」にしてしまったことでした。ユダヤ人の資産目録を入手していたナチ党員はできるかぎりのものを盗みました。決定的だったのは、ナチ党員でなかった第三者もその盗みに加わったことでした。政治理論家ハンナ・アーレントが記憶しているように、「ドイツ軍部隊がオーストリアに侵攻し、キリスト教徒の隣人たちがユダヤ人の家で暴れ回りだすと、オーストリア・ユダヤ人は自死を選び始めた」のです。

一九三八年三月のオーストリア人の忖度による服従は、ナチスの高官たちに、どんなことが可能かを教えることになります。アドルフ・アイヒマンがユダヤ人移民局を創設したのは、この年の八月、場所もウィーンでした。一九三八年一一月になると、三月のオーストリアでの例に倣って、ドイツのナチスが水晶の夜《クリスタルナハト》として知られる全国的規模のポグロム（ユダヤ人に対する殺戮を伴う集団的暴力行為）を組織したのでした。

ドイツがソ連に侵攻した一九四一年には、SS（親衛隊）が、別段考案しろという命令は受けていなかったのですが、大量殺戮のやり方を考案するうえで主導権を握りました。SSは、彼らの上司の望みを忖度し、何が可能かをやって見せたのです。それは、ヒトラーが考えていたものよりもずっと徹底したものでした。

そもそもの始まりにおいては、忖度による服従が意味するのは、熟慮もせずに新しい状況に本能的に適応することなのです。「はたしてそう振る舞うのはドイツ人だけだろうか？」ナチスの残虐行為を熟考していたイェール大学の心理学者スタンリー・ミルグラムは、ドイツ人が実際にとった行動の原因究明となるような、ドイツ人特有の権威主義的なパーソナリティがあることを証明しようとしました。ミルグラムは、その説を検証しようとある実験を考えだしたのですが、ドイツでその実験を行う許可は得られませんでした。そこで彼は、代わりに、一九六一年にイェール大学の建物の一つで実験を行いました――アドルフ・アイヒマンが、ナチスのホロコーストで果たした役割のためにイェルサレムで裁判にかけられていたのと時期がほぼ重なります。

ミルグラムは、被験者（イェール大学の学生もいれば、イェール大学のあるニューヘイヴンの住民もいました）に向かって、「あなた方は学習についての実験で他の参加者に電気ショックを与えることになります」と説明しました。実際に、ウィンドーの反対側には、電極につながれた人々がミルグラムの計画に従って座っていました。ただし、電気ショックをかけられたふりをするだけだったのですが。被験者（と本人たちは思っていました）が学習実験の参加者たち（と被験者たちは彼らのことを考えていました）に電気ショックをかけると、恐ろしい光景を目の当たりにすることになりました。彼らの見知らぬ、また何ら不満を抱く対象でもない人間たちが、七転八倒する様子を見せたのです――ガラスを叩き心臓が痛いと訴えたのです。そうなっても、ほとんどの被験者はミルグラムの指示に従って、犠牲者が亡くなったと見えるまでさらにずっと激しい電気ショック（そう被験者たちは考えていたわけです）をかけ続けたのでした。同胞を（うわべのものでしたが）殺害するに至らなかった被験者たちでさえ、電気ショックをかけた相手の参加者たちの健康状態について尋ねることもせずにその場を立ち去ったのでした。

ミルグラムの理解したところによると、人々は驚くほど、新しい状況下での新しい規則を受けいれやすいのです。彼らは、新しい権威によってそうしろと指図された場合には、新しい目的に貢献すべく意外なほどに進んで他人を傷つけ、殺害するのです。ミルグラムはこう回想しています。「私は［忖度による］服従をたくさん見たので、もうドイツで実験を行う必要を認めなかった」、と。

2　組織や制度を守れ

私たちが品位を保つ助けとなっているのは組織や制度なのです。また、組織や制度の方でも私たちの助けを必要としています。組織や制度のために活動することでその組織や制度をあなた方のものとするのでないかぎり、「自分の組織」とか「自分の制度」などとみだりに口にしてはいけません。組織や制度は自分の身を自分では守れません。あなた方と組織や制度とが最初から守り合うのでなければ、お互いに駄目になってゆくのです。だから、気にかける組織や制度を一つ選んでください。法廷、新聞、法律、労働組合——何でもよいからそれの味方になることです。

私たちは、「組織や制度というものは、これ以上ないほど直接的な攻撃に曝されても、自動的に維持してゆけるものだ」、そう決めてかかっているところがあります。そう決めてかかったのが、ヒトラーとナチスとが組閣した後で、ドイツのユダヤ人のいくらかが犯してしまった過ちの正体なのです。たとえば、一九三三年二月二日に、ドイツのユダヤ人にとっての代表的新聞が、そうしたはき違えた確信を次のように述べた社説を発表しています。

我々は、とうとう待ち望んでいた政権の座に就いたヒトラー氏と彼の仲間が、「ナチスの新聞に」流布されている提案を実行に移すだろうという考えに同意できない。彼らとてドイツのユダヤ人から憲法で定められた権利を突然奪ったり、ユダヤ人をゲットーに囲い込んだり、暴徒の嫉妬交じりの残忍な衝動にユダヤ人を曝させたりするわけがない。多くの重要な要因が権力を抑制しているので、彼らとてそうしたことはできないし……また明らかにそうした形でのことの運び方を望んでいないのだ。いざヨーロッパの大国として行動するなら、全体的な雰囲気も、自国の良い面についての倫理的な省察に向かい、それまでの敵対的な態度に立ち戻るのは避ける傾向を示すものだ。

一九三三年にはたくさんの理性的な人間がそのように考えていましたが、これは、いま現在たくさんの理性的な人間が考えているのとまるで変わりません。過ちは、組織や制度を通じて政権の座に就いた支配者たちは——たとえそれが彼らがそうしてやるとまさに宣言してきたことだとはいえ——よもやその組織や制度を変えたり潰したりはできないと頭から決めこむことなのです。革命家というのはときとして、一緒くたにして組織や制度を現実に破壊しようとするものなのです。これぞロシアのボルシェビキの手法だったのです。また、ときとして、組織や制度は、活力や機能を剥ぎ取られて形骸化してしまうことがあります。そのことで、組織や制度は新秩序に抵抗するのではなく、むしろ新秩序を進んで受け入れてしまうことになります。これがナチスの呼んだ「強制的同一化《グライヒシャルトゥング》」にあたります。新たなナチス体制が同一化をするのには一年とかかりませんでした。一九三三年が終わるまでには、ドイツは一党独裁国家となっていました。主要な組織や制度すべてが、取るに足らないものとされてしまったのです。ドイツ政府は、新秩序が確かな承認を受けるためにその年の一一月には国会の選挙も行いましたし（野党は存在しませんでした）、また国民投票も行いました（「正しい」回答が投票者にわかっている争点――国際連盟脱退――についての国民投票でした）。ドイツのユダヤ人の中にはナチス指導者が望むように投票した者もいくらかいましたが、これはそうやって忠誠のポーズを示すことが新制度と彼らユダヤ人とを結びつけるのではと願ってのことでした。虚しい望みとなったのは言うまでもありません。

3 一党独裁国家に気をつけよ

国家を改造し、ライバルを抑圧した政党も、出発時点から絶大な権力を有していたわけではありません。そうした政党は、敵対者たちの政治活動を不可能にするために、歴史的瞬間とやらを巧みに利用したのです。よって、複数政党制を支持し、民主的な選挙のルールを守ることです。投票ができているあいだは、地方選挙でも国政選挙でも投票することです。公職に立候補することも考えて欲しいですね。

「不断の警戒は自由の代償だ」と述べたのはおそらくトマス・ジェファソン本人ではないのでしょうが、彼の時代の他のアメリカ人たちがそう述べていたのは確かです。私たちがこんにちこの格言を考えるときに、私たちは国外へ向けての正当な警戒、心得違いで敵対的な第三者に対しての正当な警戒を思い浮かべるものです。私たちは自分たちを、「マタイによる福音書」に出てくる「山の上にある町」だと、民主主義の砦だと見なしていて、外国からくる脅威を待ち受けるのです。けれど、その格言の意味はまるで違ったものです。つまり、人間の性《さが》が元々こうしたものであるから、アメリカの民主制は、民主制を終わらせるために何と民主制の持つ諸々の自由を悪用しようとする「アメリカ人」自身から守られなければならないのです。アメリカの奴隷制廃止運動家のウェンデル・フィリップスは実際に、一八五二年に「不断の警戒は自由の代償だ」と述べています。フィリップスは、「人民の自由という天の恵み《マナ》は毎日採取せねばならず、さもなくばすぐに腐敗する」とも付け加えています。「出エジプト記」に登場する、神が天から降らせた食べ物のマナの特性からこう表現したのです。

近現代ヨーロッパの民主制の歴史を辿ると、右のような言葉が叡智にあふれていることが確認できます。二〇世紀には、参政権を拡大し、永続性のある民主制をうち立てようという真摯な努力が見られました。それでも、第一次世界大戦後（第二次世界大戦後もそうでしたが）に誕生した民主制は、選挙とクーデターの（形はどうあれ）結びついたものにより一党独裁になって、しばしば崩壊してしまったのです。選挙結果が有利なことで大胆になったり、イデオロギーに突き動かされたり、あるいはその両方だったりして、政党は内部から制度を変えていく可能性があります。一九三〇年代、四〇年代に、ファシスト、ナチス、共産主義者が選挙で好結果だったときに、続いて起きたのは、見せ物、弾圧、そして反対者をサラミをスライスするようにして殲滅してゆく「サラミ戦術」でした。ほとんどの国民は混乱していましたし、中には投獄された者も、完膚無きまでにうちのめされた者もいました。

デヴィッド・ロッジのある小説の主人公はこう言います。最後にセックスをしているときには、自分が最後のセックスをしているとはわからないものだと。投票も似たようなものです。一九三二年にナチ党に投票したドイツ人のいくらかだけは、これがしばらくの間は最後のまともな自由選挙になるかもしれないとはっきり理解していましたが、ほとんどのドイツ人はそうではありませんでした。一九四六年にチェコスロバキア共産党に投票したチェコ人やスロバキア人も、いくらかだけは、自分たちが民主主義の終焉に投票しているのだと理解していたかもしれませんが、ほとんどのチェコ人やスロバキア人は、なにチャンスはまたあるさ、そう決めてかかっていたのです。おそらくは、一九九〇年に投票したロシア人は、これがロシアの歴史で最後の公正な自由選挙になるとは考えていませんでした――今までのところ、そうなってしまっているのですが。どんな選挙も最後のものとなりえます。少なくとも、投票する個人の人生に話を絞れば、最後のものとなりえるのです。ナチスは一九四五年に敗戦を迎えるまで政権の座にありましたし、チェコスロバキアの共産主義者も、一九八九年に共産主義体制が崩壊するまでそうでした。一九九〇年の選挙の後にうち立てられたロシアの寡頭政治は今も機能し続けていますし、そこらじゅうの民主制を破壊しようと企む外交政策を推し進めています。

暴政の歴史はアメリカ合衆国にも適用されるでしょうか？「不断の警戒」を説いていた建国初期のアメリカ人は、明らかにそう考えていたのでしょう。彼らが考案した制度についてのロジックは、私たちの想像上の完璧さを言祝《ことほ》ぐものではなく、私たちの現実での不完全さのもたらす結果を和らげることにありました。古代ギリシア人がそうであったように、私たちはまちがいなく寡頭政治の問題に直面しています――それも、グローバリゼーションが富の格差を拡大するのにつれてこれまでになく険悪なものになってきた問題にです。「政治的運動に献金するのは［憲法修正第一条において保証された］言論の自由に属する」というアメリカの奇妙な考え方は、超富裕層が他の市民たちよりもずっと大きな言論の自由を持ち、その結果として事実上投票権もずっと大きなものとなることを意味しています。私たちは、自分たちにはチェックアンドバランスが備わっていると信じこんでいますが、現在のような状況に直面したことがこれまでにどのくらいあったと言うのでしょうか？　二大政党のうちの人気のない方の党が、連邦レベルであらゆる権力行使の手段《レバー》を握っていますし、州議会の過半においても同様という状況であるわけですから。そうした支配権を行使している政党が、全体としての社会に受けのよい政策はまず提出できず、概して不人気な政策をいくらか提出しているだけなのです――そうであるなら、その政党は、民主制を恐れるか、民主制を弱体化させるほかはないはずでしょう。

建国初期の格言にはもう一つ、「年毎《としごと》の選挙がなくなったところで、暴政が始まる」というのもありました。私たちは将来、ロシア人が一九九〇年の選挙を、チェコ人が一九四六年の選挙を、ドイツ人が一九三二年の選挙をふり返ってみるように、二〇一六年の選挙をふり返って眺めるようになるのでしょうか？

今のところはまだ、そうなるかどうかは私たち次第なのです。市民一人一人が平等な一票を持てるようにするためにも、また一票一票が同胞市民によって単純に数えられるようにするためにも、「ゲリマンダー」を正してゆくのにあらゆる措置を講じなければなりません。小選挙区制のもとで特定の政党・特定の候補者・特定の人種集団を有利にするために、地理的にいびつな選挙区、すなわちゲリマンダーをつくることがずっと行われてきたのです。また、私たちには用紙を使った投票が必要です。投票用紙なら遠くから改竄することもできませんし、いつでも再集計できるからです。ここで述べたような修正は地方や州のレベルで実現することができます。選挙があるのが当然とみなしての話ですが、二〇一八年の中間選挙は、アメリカの伝統の試金石になるだろうと私たちは確信をもって言えるのです。よって、それまでに講じておくべき措置が、それこそたくさんあるのです。

4 シンボルに責任を持て

こんにちシンボルに過ぎないものが、明日には、現実をもたらしうるのです。スワスチカ（ハーケンクロイツとも鉤十字とも呼ばれますね）をはじめヘイトの徴《しるし》に気をつけましょう。視線をそらしてはいけないし、それらに慣れてもいけません。あなた自身でそれらを片づけ、他の者が見習うような手本となってください。

生活するというのは政治的なことなのです。世間があなた方がどう感じているかを気にするからではありません。世間があなた方の振る舞いに反応するからです。私たちの行うちょっとした選択だけでも、将来自由で公正な選挙が行われる可能性に大なり小なり影響する点で、ある種の投票行為にもなるのです。日常における政治では、私たちの使う言葉やジェスチャー、あるいはそれらを使わぬことまでもが、きわめて重要なのです。二〇世紀からのいくつかの極端な（そこまで極端でないものもありますが）例から、どんな風になるのかを私たちは知ることができます。

ヨシフ・スターリン支配下のソ連では、富農《クラーク》はプロパガンダ用ポスターでは「豚」として描かれました――田舎ではあきらかに畜殺を示すいわば「非人間化」の過程です。これは一九三〇年代初めのことであって、ソ連は農村を厳しく管理して急激な工業化のための資本を引き出そうとしていました。他の者よりは土地か家畜を多く持っていた小農が、まず初めに所有物を失う定めでした。豚として描かれた隣人は、彼の土地を盗んでもよい対象とされたのです。けれど、豚というシンボルを使ったその論理に順《したが》った者たちも、次には犠牲者となりました。相対的に貧しい小農を相対的に富裕な小農に敵対させた後、ソ連政府は新しい集団農場のために全員の土地を取り上げたのです。農業集団化が完成すると、ソ連の小農たちに大規模な飢饉がもたらされました。ソヴィエト・ウクライナ、ソヴィエト・カザフスタン、ソヴィエト・ロシアでは、一九三〇年から一九三三年までのあいだに数百万人が、恐ろしい、屈辱的な死を迎えたのです。飢饉の終わるまでには、ソ連の市民たちは、人肉として死体を解体するようになっていました。

ソ連での飢饉が最悪の事態に陥った一九三三年に、ドイツではナチ党が政権の座に就きました。勝利に高揚したナチスは、ユダヤ人商店のボイコットを組織しようと試みました。ボイコットは、初めはそれほどうまくゆきませんでした。けれども、窓や壁にペンキで「ユダヤ人」とか「アーリア人」と印をつけるのは、ドイツ人が家庭生活でお金の出し入れをどうするのかを考える際に、実際に影響を及ぼしたのです。「ユダヤ人」と印をつけられた店には将来はなく、強欲な計画の対象とされました。店の建物に異民族の印がつけられてゆくにつれ、妬《ねた》みが道義心を歪めてゆきました。もし店を「ユダヤ人」のものとするならば、店に限らずユダヤ人の会社や土地・建物といったものはどうすべきか？　貪欲さが徐々に膨らんでゆくと、当初は抑えられていたのでしょうが、「ユダヤ人が消えちまえばな」という願いが湧き上がってきました。このようにして、店に「ユダヤ人」と印をつけたドイツ人たちは、ユダヤ人たちがほんとうに消えてゆく過程に参加したのです――その点では、手をこまねいて傍観していたドイツ人たちも同じで実際には参加したのです。印をつけるのを都市の光景として当たり前なものとして受けいれることで、すでにもう、血塗られた未来へと歩み寄っていたのです。

あなた方もいつの日か忠誠のシンボルを示す機会を与えられることでしょう。必ずや、そうしたシンボルが同胞市民を排除するのでなく、同胞市民を包み込むように計らってください。ピンバッジの変遷でさえ無害とはとうてい言えません。一九三三年のナチス・ドイツでは、一党独裁国家が確かな承認を受けるための選挙や国民投票のあいだ、人々は「イエス」というピンバッジを着けていました。一九三八年のオーストリアでは、以前はナチ党員でなかった人々がスワスチカのピンバッジを着け始めました。プライドを表しているように思えるものが、実は排斥をもたらすことにもなるのです。一九三〇年代、四〇年代のヨーロッパでは、いくらかの者たちがスワスチカを着けるのを選択しましたが、そのあとでは別の者たちが、否応なしに黄色い星を着けさせられたのです。

誰もう革命など信じていなかった共産主義の歴史の終わり頃に、シンボルについての究極的な教訓を見て取ることができます。市民たちが今さら期待も情熱も持たず、願っているのは放っておいて欲しいということだけ――そこまでいっても、公の場で印をつけて回る者たちがいると、まだ暴政を維持できたからです。チェコスロバキアの共産党が一九四六年の選挙で第一党になって政権の座に就き、ついで一九四八年のクーデターで全権を掌握するにいたると、舞い上がったチェコスロバキア市民はたくさんいました。反体制の思想家ヴァーツラフ・ハヴェルが三〇年後の一九七八年にエッセイ「力なき者たちの力」を書いたときに、彼は、ほとんど誰ももうその目標やイデオロギーを信じていなかった抑圧的体制がそれでもなお存続していたことについて説明しています。ハヴェルは、店のウィンドーに「万国の労働者よ、団結せよ！」という掲示を出していた八百屋の譬えを持ち出しました。

その八百屋が実際に「共産党宣言」からのその引用箇所の内容を支持しているわけではないのです。当局との面倒事に巻き込まれずに日常生活を送れるようにウィンドーにその掲示を出しているのです。他の誰もが同じ理屈に従うならば、公的な場は忠誠の印で覆われてしまうし、抵抗など考えられなくなります。ハヴェルは次のように記しています。

我々は八百屋のスローガンのほんとうの意味が、スローガンの文言《もんごん》の示すところと何ら関わりがないことを見てきた。そうであっても、「万国の労働者よ、団結せよ！」という規範はあまりにもなじみ深いものだから、ほんとうの意味はきわめて明瞭であり、おおむね了解されている。その八百屋は体制が耳を傾ける唯一の方法で忠誠心を示したのだ。つまり、定められた儀式を受けいれ、見せかけを現実として受けいれ、ゲームの特定の規則を受けいれてである――かくしてゲームは続けられるし、なによりゲームが存在することが可能になるのだ。

だからとハヴェルは問うたのです。「みんながゲームをやめさえすればどうなるかな？」と。

5　職業倫理を忘れるな

政治指導者が良くない例しか示さないときには、専門職が正しい業務を果たすことがより重要になってきます。法曹家ぬきでは法の支配に則った国家を転覆させることはそうそうできませんし、判事抜きで見せしめ裁判《ライアル》を開廷するわけにはゆかないのですから。権威主義的支配者《オーソリタリアン》は従順な公務員を必要としますし、強制収容所長たちは安価な労働力に関心を持つ実業家を探し求めるものです。

第二次世界大戦が始まる前ですが、ハンス・フランクという男がヒトラーの個人的な弁護士でした。ドイツが一九三九年にポーランドに侵攻したのちに、フランクは、「ポーランド総督府領」、つまりユダヤ人数百万人と他にポーランド人も殺害されたドイツの植民地の総督になりました。フランクは一度など、「処刑を余さず告知するポスターを作成したくとも、そのための紙を生産するだけの樹木がないんだよ」、そう自慢して見せたものです。彼の主張では、法律は人種に奉仕するようつくられます。それゆえ、人種にとって良いと思えるものはすなわち法律なのだ、となります。こうした類の主張が前提にあって、ドイツの法曹家連中は、法や規則というものは征服や破壊という事業を妨げるどころか、それらに奉仕するために存在するのだと、自分を納得させられたのです。

ヒトラーがオーストリア併合を監督させるために選んだ男、アルトゥル・ザイス＝インクヴァルトは、のちに占領下オランダの国家弁務官《ライヒスコミッサール》となる法曹家でした。ユダヤ人、ジプシー、ポーランドのエリート層、共産主義者、肢体不自由者や精神病者などを大量殺戮した特別行動部隊であるアインザッツグルッペンの司令官には、抜きんでて法曹家が多かったのです。ドイツ人医師（ドイツ人以外の医師もいましたが）は、強制収容所でおぞましい人体実験を行いました。I・G・ファルベンを始めとするドイツ企業の実業家は、強制収容所の被収容者、ゲットーのユダヤ人、戦時捕虜の労働力を搾取しました。そうしたことをすべて監督して記録に留めたのは、上は大臣から下は書記官に至るまでの公務員でした。

仮に法曹家が「裁判を経ない処刑はありえない」という規範に依《よ》っていたら、仮に医師が「同意のない手術はありえない」という規則に従っていたら、仮に実業家が「奴隷制禁止」を是認していたら、仮に官僚が殺人に絡む書類は処理するのを拒んでいたら、そうすればナチス体制は、こんにち私たちがナチス体制を記憶する理由となっている残虐行為を実行するのにたいへんな苦境に陥っていたことでしょう。

孤立した個人と遠い存在である政府とのあいだで、倫理的な会話など望みうるでしょうか？　専門職なら両者を仲介してそうした倫理的な会話を生み出せるのです。ある専門職についている者たちが、自分たちのことを、共通する利害を持ち、常に共通の規範や規則を義務として負わされている集団なのだと認識するならば、彼らは信頼も、また現実にある種の力も勝ちうることができます。そうした専門職が社会にはいくつも集まっているのです。私たちが、「状況が例外的だ」と告げられたときには、彼らの職業倫理が私たちの導き手となります。そうなれば、「命令に従っただけ」というような言い方は許されなくなります。もっとも、仮に専門職についている者が、彼らの職業に特有の倫理に、その時点での一般社会の雰囲気を受け入れて流されてしまうときには、以前なら「思いもよらない」として片づけていたようなことを言ったりしたりするようになるのですが。

6 準軍事組織には警戒せよ

これまでずっと体制に反対だと主張してきた銃を持った人間たちが、制服を着用し、松明《たいまつ》や指導者の写真を掲げて行進し始めると、終わりは近いのです。指導者を崇める準軍事組織と警察と軍隊がないまぜになると、すでに終わりがきています。

たいがいの政府は、たいていいつでも、暴力を専有化しようとするものです。仮に政府だけが合法的に力を行使することができ、その行使が法によって抑制されているならば、私たちが当たり前と見なしている政治形態が可能となります。国家の枠を越えた機関なり組織なりもまた暴力を行使できるならば、民主的な選挙を実施するのも、法廷で事件を裁くのも、法律をつくりそれを施行するのも、それどころか地味な政務を粛々と実行するのも、どれも不可能になります。まさにこの理由から、民主制や法の支配を損なってしまいたい人間たちや政党は、政治に関わろうとする暴力的な組織を形成し資金を出そうとするのです。そうした暴力的な組織の形態を見ると、政党の準軍事部門や特定の政治家の個人的なボディーガードであったりします――あるいは、たいていは馬脚を現して党やその指導者によって結成されたことが判明してしまいますが、一見すると市民たちによる自発的なものであったりします。

武装集団はまず政治秩序を堕落させ、その後で政治秩序を変えようともくろみます。戦間期にルーマニアの「鉄衛団」やハンガリーの「矢十字団」などの極端に暴力的な右翼政党は、そのライバルを恫喝しました。ナチのSA（突撃隊）は、そもそもは、ヒトラーの政治集会で会場から政敵を排除する保安特別部隊でした。SAやSS（親衛隊）として知られる準軍事組織として、隊員は恐怖心をまきちらしましたが、それが一九三二年と三三年の議会選挙でナチ党の役に立ったのです。一九三八年のオーストリアでは、ユダヤ人を相手に略奪し、打擲し、辱めを与えるために、平時の地元当局が退場したのを早速利用したのは地元のSAでしたし、そうすることで政治の規則を変え、ナチスがオーストリアを乗っ取る道を用意したのです。一般の法律が適用されない無法地帯であったドイツの強制収容所を運営していたのはSSでした。第二次世界大戦中、SSは、収容所で先鞭をつけた無法状態をドイツ支配下にあったヨーロッパ全域に広げました。SSは法律の枠外にある組織として出発し、法を超越した組織となり、最後には法を滅ぼす組織となりました。

アメリカの連邦政府が戦争で傭兵《マーセナリー》を使い、州政府が金を払って民間会社に刑務所を運営させているために、アメリカ合衆国ではすでに、暴力の使用における民営化がきわめて進んでいます。新奇な点は何かといえば、選挙戦を通じて反対者に対し暴力を用いたいわば私設保安部隊を、大統領任期のあいだも維持したがっている大統領が出現したことです。

候補者であった頃には、現大統領は、私設保安部隊に対し政治集会から反対者を排除するように命じましたし、それればかりか出席者たちにも、異論を唱える者たちは追い出せと促したものでした。よく見られた光景ですが、抗議の声を挙げる者は、はじめはブーイングに、それから「USA!」という血迷った叫びに曝され、そのあげく集会から力ずくで追い出されたものです。選挙戦のある集会では、現在大統領となっている候補者は、「くずがまだ残っている。追いだしたらどうかね。追い出しちまえよ」と煽りました。それを合図に聴衆は、反対者と思われる者たちの退治にかかりました。その間ずっと「USA!」と叫びながらでした。候補者はふいと言葉をさし挟みました。「この方がいつもの退屈な集会より、もっと面白《モファファン》いんじゃないかね？　私には面白いがね」。この種の暴徒化した聴衆による暴行は政治的な雰囲気を変えようとして行われたのですが、何と実際に雰囲気を変えることができたのです。

暴力で雰囲気だけでなく制度まで変えるためには、武装した警備隊の訓練の中に、政治集会で感情を煽ることや排除のイデオロギーも合体させなければなりません。こうしてできあがったものは、まず警察と軍隊に挑戦し、ついで警察と軍隊に浸透し、最後には警察と軍隊を一変させてしまうのです。

7 武器を携行するに際しては思慮深くあれ

仮にあなたが公務にあって武器を携行しなければならないとしたら、神のご加護がありますように！　けれど次のことは弁《わきま》えておいてください。過去の悪《イーブル》には、とある日に不法な行為に手を染めてしまった警察官や軍人が関わっていたということを。「ノー」と言える心構えをしていてください。

たいていの権威主義体制は、抗議しようとする市民を追い散らすための「機動隊」と、任務の中に「敵」と認定された反対派などの殺害を含む「秘密国家警察」とを備えています。実際に私たちは、一九三七年から三八年にかけてのソ連での大テロルや、一九四一年から四五年にかけてナチス・ドイツにより実行されたヨーロッパのユダヤ人のホロコーストのようなたいへんな残虐行為に、秘密国家警察が大きく関わっていたことを知っているわけです。もっとも、私たちが、ソ連のNKVD（内務人民委員部）やナチのSSは支援も受けずに実行できたなどと思ったら、誤解もはなはだしいということになります。普通警察官や、ときには正規軍兵士の支援なくしては、あれほど大規模な殺戮ができたはずがなかったのです。

ソ連での大テロルのあいだに、NKVDの将校は、内実はほとんどが小農や民族的マイノリティだったのですが、国家の敵とみなされた者を六八万二六九一人処刑したという記録を残しています。その当時のNKVDよりも、中央の統制がきき組織がまとまっている暴力機構は、おそらくこんにちに至るまでないでしょう。少数のNKVDの将校が首の後ろを撃つ方法《ネックショット》で処刑をしたのです。言い換えれば、これはNKVDの将校が一人当たり数千人を政治的な理由から殺害した、良心的な仕事ぶりを表しているのです。だとしても、彼らとて、地元警察、法曹家、ソ連じゅうの公務員の助けを借りなければその作戦を実施できなかったはずです。大テロルは、全警察官がNKVDとその特別な任務に従属しなければならないという例外的な状況下で行われました。警察官は先頭に立った加害者ではなかったのですが、不可欠な人的資源を供給したのでした。

私たちはナチスのホロコーストについて考えるときに、アウシュヴィッツと、機械化され人間的な要素を欠いた死を思い浮かべます。この方が、ドイツ人にとってもホロコーストを思い出すうえで便利なのです。というのも、ドイツ人は、「門の中で起きていたことについて正確に知っていたドイツ人なんてまずいないよ」、そう主張できるからです。現実には、ホロコーストは「死の施設」で始まったわけでなく、東ヨーロッパの射殺用の「死の穴」の縁《へり》で始まったのです。実際に、そうした殺戮を担った（ただしすべてをではありませんでしたが）アインザッツグルッペンの司令官たちには、ニュルンベルク裁判、のちには西ドイツの法廷で裁かれた者たちがいました。けれども、そうした司令官レベルの裁判でさえ、ホロコーストという犯罪の規模を、ある意味で極小化するものだったのです——SSの司令官たちだけでなく、実質的には、彼らの指揮下にあった数千もの人間たち全員が殺人者だったのですから。

しかも、これは始まりに過ぎませんでした。キエフ郊外での三万三〇〇〇人以上のユダヤ人射殺、リガ郊外での二万八〇〇〇人以上のユダヤ人射殺を始めとして次々と起きましたが、ホロコーストのどの大規模な射殺作戦にもドイツ普通警察官が関わっていました。総計すれば、普通警察官の方がアインザッツグルッペンよりも多くのユダヤ人を殺害しました。警察官の中にはこの任務にあたる特別な準備はしていなかった者がたくさんいました。彼らは見知らぬ土地に連れてこられ、命令を受け、そして弱虫とは思われたくなかったのです。彼らがユダヤ人殺害の命令を拒んだ例は稀でしたが、警察官は拒んだからといって処罰されはしなかったのです。

この7の項目で述べた殺人者たちの中には、確信犯として殺害した人間もある程度いたでしょう。ただ、殺害に荷担した他の多くの者たちは、自分の意志を貫くのを恐れていただけでした。順応主義《コンフォーミズム》以外の力も当然働いたでしょう。とはいえ、順応する者《コンフォーミスト》がいなかったなら、あの巨大な残虐行為の数々は不可能だったはずです。

8 自分の意志を貫け

誰かが自分の意志を貫く必要があります。誰かの後についてゆくのは簡単なことです。他の人間と違ったことを行ったり口にしたりすると、奇妙な感じを覚えるかもしれません。けれど、その居心地の悪さがなければ、自由もなくなるのです。ローザ・パークス夫人のことを思い出してください。あなた方が良い手本を示せば、すぐに現状《ステータスクオ》の呪いは解け、他の人たちが後をついてくるようになります。

第二次世界大戦が終わると、ヨーロッパ人、アメリカ人を中心に、「ヒトラーに対する正義の抵抗」という神話が編み出されました。けれども、一九三〇年代には、ヒトラーに対する態度で優勢だったものは、和解と崇拝だったのです。一九四〇年までには、ヨーロッパのほとんどは、ナチス・ドイツのいかにも抵抗しがたく見える権力と和睦を結んでいました。チャールズ・リンドバーグのような影響力あるアメリカ人も、「アメリカ・ファースト」のスローガンを掲げて、ナチスとの戦争に反対していました。そうなのです。こんにち私たちが記憶に留め崇拝している対象は、彼らの時代には例外的、エキセントリック、はては正気でないと言われた者たち、自分を取り巻く世界が変わるのにつれて自分も変わるということをしない者たちだったのです。

第二次世界大戦勃発よりだいぶ前に、たくさんのヨーロッパの国々が、民主制を放棄して形態はさておき右翼の権威主義体制となっていました。イタリアが一九二二年に初のファシスト国家になりましたし、やがてドイツの軍事的同盟国になりました。ハンガリー、ルーマニア、ブルガリアは、貿易と領土の約束に釣られてドイツ寄りになっていました。一九三八年三月にドイツがオーストリアを併合するに際して、何らかの抵抗を示した大国は一ヶ国もなかったのです。一九三八年九月には、フランス、イタリア、その頃はネヴィル・チェンバレンが率いていたイギリスという三大国は、ナチス・ドイツによるチェコスロバキア解体を後押ししていたようなものでした。今となっては悪名高いミュンヘン協定などによってです。一九三九年の夏には、ソ連がナチス・ドイツの同盟国となり、赤軍はポーランド侵攻をドイツ国防軍《ヴェアマハト》と協同して行いました。ポーランド政府は戦うことを選びました。ポーランドはイギリス、フランスとの同盟を発動させ、両国を戦争に引きこみました。食糧と石油の供給をソ連にあおいでいたドイツは、一九四〇年春には、ノルウェー、オランダ、ベルギー、はてはフランスにまで侵攻し、速やかに占領してしまいました。イギリスから大陸に派遣されていた軍の残りも、一九四〇年五月末から六月初めにかけてダンケルクにおいて大陸からの撤退を余儀なくされました。

　一九四〇年五月にウィンストン・チャーチルが首相の座に就いたとき、イギリスは孤立無援でした。価値のある勝利を収めたこともなく、有力な同盟国も持っていませんでした。イギリスはポーランドを支援するために戦争に突入したのですが、その大義名分は失われたように見えました。ナチス・ドイツと同盟国のソ連が大陸を支配していました。ソ連は、一九三九年一一月に、ヘルシンキ空爆を皮切りにフィンランドに侵攻しました。チャーチルが首相に就任してすぐに、ソ連はバルト三国のエストニア、ラトヴィア、リトアニアを占領して併合してしまいました。そして、アメリカ合衆国はまだ参戦していませんでした。

アドルフ・ヒトラーは、イギリスにもその帝国にも何ら特別な敵意を持っていなかったのですし、それどころか世界を「利益範囲《スフィアオブインタレスツ》」としてイギリスと二分することを考えていました。よって、ヒトラーはチャーチルに対し、フランス崩壊後には和解することを望んでいました。チャーチルは拒絶しました。彼はフランス人に「君らフランス人がどう行動しようとも、我々イギリス人は戦って戦って戦い抜くだろう」と告げたのです。

一九四〇年六月に、チャーチルはイギリス議会で「『バトル・オブ・ブリテン』はまさに始まらんとしているのであります」とぶったものです。ドイツ国防軍空軍《ルフトヴァッフェ》はイギリスの都市の空爆を始めました。ヒトラーの思惑では、これでチャーチルは講和に応じなければならないはずでしたが、ヒトラーは読み違えていました。チャーチルは後《のち》になってこの航空戦を「危急存亡の時期」だったと呼ぶことになります。彼は、「私が光栄にも表明するところの、イギリス人のすぐに元気をとりもどし容易に動じない気質」に言及しています。

実際には、イギリス国民が「冷静に悪《イーブル》に抗う誇り高い国民」であると自分たちのことを定義するのに、チャーチル自身が与《あずか》るところ大だったのですが。他の政治家だったら、イギリス世論に、終戦に持ち込むための支持を求めたことでしょう。チャーチルはそうせずに、抵抗し、鼓舞し、勝利を収めました。イギリス空軍（二つのポーランド飛行中隊と、ポーランド人以外にもたくさんの外国人パイロットがいましたが）はドイツ国防軍空軍を押し返したのです。制空権がなければ、ヒトラーでさえ、陸海協同でのイギリス侵攻は想定できなかったのです。

チャーチルは他人のしなかったことをしました。先を読んで譲歩してしまうのではなく、彼はヒトラーに計画を変更させたのです。ドイツの根本的な戦略は、もともと西方でいかなる抵抗も排除しておき、しかる後ソ連に侵攻し（つまりはソ連への裏切りですが）その西部に当たる地域を植民地化することでした。一九四一年六月に、イギリスがドイツにいまだ膝を屈していない状況にもかかわらず、ドイツは同盟国ソ連を攻撃しました。

こうなるとベルリンは両面作戦を強いられます。モスクワとロンドンは突然思いもしないことに同盟国になりました。一九四一年一二月に、日本がハワイの真珠湾のアメリカ海軍基地を攻撃し、アメリカ合衆国が参戦しました。こうしてモスクワ、ワシントン、ロンドンは、抵抗しがたい巨大な連合を組んだわけです。力を合わせ、他のたくさんの同盟国の助けも借りて、この三大国は第二次世界大戦に勝利を収めました。けれど、一九四〇年にチャーチルがイギリスを戦線に留めておかなかったら、戦おうにも第二次世界大戦はありえなかったことでしょう。

チャーチルは、「自分で歴史を書いてゆくつもりだから、歴史は自分にとって好ましいものとなるだろう」、そう言っています。もっとも、浩瀚《こうかん》な歴史書や回顧録の中で、彼は自身の決断の数々を自明のものとしていますし、功績はイギリス国民とイギリスの同盟国のものとしています。こんにちでは、チャーチルのなしたことは、ノーマルで正しいことに思えます。けれど、その当時のチャーチルには、自分の意志を貫く必要があったのです。

もちろんイギリスは、ポーランドの指導者層が一九三九年九月に戦うことを選んだので参戦しただけでした。公然たるポーランドの武装抵抗運動は一〇月には押さえ込まれました。一九四〇年には、ドイツによる占領の性格が、ポーランドの首都ワルシャワではっきりしてきました。

テレサ・プレケロヴァはその年に高校を卒業する予定でした。彼女の家族はドイツ人に資産を取られてしまっていたので、ワルシャワに移って賃借をせざるをえなかったのです。

テレサの父親は逮捕されましたし、おじの一人は戦死しました。兄弟のうちの二人はドイツの戦時捕虜収容所に入れられていました。ワルシャワそのものがドイツの空爆で大きな被害を被っていました。二万五〇〇〇人が空爆で死んでいたのです。

まだ一八歳だったけれど、この恐怖へどう反応するかという点で、テレサだけは友人のあいだでも家族の中でも、自分の意志を貫いたのです。我が身を考えるだけで精一杯だった時期に、彼女は他人のことを考えていたのです。一九四〇年も後の方になると、ドイツ人は彼らの支配下にある側のポーランドの一部でゲットーを建設し始めました。まず、その年の一〇月に、ワルシャワと周辺地域のユダヤ人たちは、ワルシャワの一区画に移らざるをえなくなりました。テレサの兄弟のうちの一人は、戦前には、ユダヤ人の娘やその家族とずっと親しくつきあっていました。テレサは今では、人々が、彼らの暮らしからユダヤ人の友人たちがこっそり姿を消してゆくのに、騒ぎもしないことに気づいていました。

家族にも言わず、また自分の身に伴う大きな危険も顧みず、テレサは一九四〇年にワルシャワ・ゲットーができてから、一〇回以上もゲットーの中に望んで入りました。食糧や薬を、知り合いのユダヤ人だけでなく面識のないユダヤ人のところにも持っていったのです。その年の終わるまでには、テレサは自分の兄弟の友だちの娘にゲットーを逃げ出すよう説得していました。一九四二年には、テレサはその娘の両親と弟が逃げ出すのを助けました。その年の夏ワルシャワ・ゲットーで、ドイツ軍は、彼らが「大アクション」と呼んでいたものを実行しました。二六万五〇四〇人のユダヤ人をトレブリンカの死の施設に移送して殺害し、一万三八〇人のユダヤ人はゲットーの中で殺害したのです。テレサは、一家族を確実な死から救ったのでした。

テレサ・プレケロヴァは、ホロコースト史家となり、ワルシャワ・ゲットーやユダヤ人の救助に手を貸した他の人間たちのことを書きました。けれど、テレサは自分のことを書くのは好まなかったのです。だいぶ後になって、自身の人生について語るよう依頼されたとき、彼女は自分の行動は当たり前のことだったと述べました。私たちの観方からは、彼女の行動は例外的に見えますが。

テレサも自分の意志を貫いたうちの一人だったのです。

9
自分の言葉を大切にしよう

言い回しをほかのみんなと同じようにするのはやめましょう。誰もが言っていることだと思うことを伝えるためだけだとしても、自分なりの語り口を考えだすことです。努めてインターネットから離れてください。読書をすることです。

ヴィクトール・クレンペラーはユダヤ系ドイツ人のロマンス語学者であり、その言語学者としての素養をもって、ナチスのプロパガンダを調べました。彼が注目したのは、ヒトラーの使う言葉が、正当な対立する概念を寄せつけないということでした。ヒトラーが「民衆」と言ったときには、指しているのは民衆のある部分だけなのです（現大統領もこの言葉を同じように使っていますね）。「相対《あいたい》する」のは常に「闘争する」ことになります（現大統領は「勝利する」という言葉を使いますね）。そして、自由な民衆が世界を異なった風に理解しようとするのは、すべて指導者を「中傷する」こと（ないし、現大統領も使っているように「名誉を毀損する」こと）でした。

私たちの時代の政治家は決まり文句《クリシェ》をテレビにどんどん注ぎ込みますが、テレビでは、同意したくない人間でさえその決まり文句を繰り返すことになります。テレビは、政治的言語に対し映像を伝えることで異議を唱えるのだと称していますが、次から次へと映像が送られてては「解像感」さえ殺《そ》がれ、意味を咀嚼するのが難しくなります。何もかもが急速に起きるのですが、なにひとつ現実のものとして捉えられないのです。テレビのニュースはどれも「ニュース速報」(ブレイキングニュース)扱いですが、それも次のニュース速報が取って代わるまでのことです。つまりは、私たちは、次々と押し寄せる波にうたれてはいるのですが、大洋を視野に収めることはないのです。

出来事の有り様《よう》と意味とを定義しようとするには、言葉やコンセプトが必要になりますが、その言葉やコンセプトというものは、私たちが視覚的な刺激で恍惚となっていると私たちをすり抜けていってしまうのです。ときとしてテレビのニュース番組を観るのは、テレビ画面の中にいて紹介する映像を観ているキャスターなどの姿を眺めるだけのこととなってしまいます。私たちはこういった集団的恍惚状態を当たり前のこととらえます。私たちは徐々にこの集団的恍惚状態に陥ってしまっているのです。

半世紀以上も前に、全体主義《トータリタリアニズム》を扱った古典的小説が、映画やテレビの跋扈、書物の発売禁止、語彙の狭小化、そしてそうしたものと結びついて「考えること」が難しくなることについて、警告を発していました。レイ・ブラッドベリの『華氏四五一度』(一九五三年刊行)では、ほとんどの市民が双方向的なテレビを観ているあいだに、消防士たちが書物を見つけては焼いていました。ジョージ・オーウェルの『一九八四年』(一九四九年刊行)では、書物は禁止されていましたし、テレビは政府が市民を常に監視できるよう双方向のものでした。『一九八四年』では、視覚メディアで用いられる言い回しはきわめて抑制されたものでしたが、これは現在について考え、過去を思い出し、将来を慮るのに必要なコンセプトを大衆から奪うためでした。体制の計画の一つは、言い回しをさらに制限することであり、これは「ニュースピーク」（新語法）辞書が改訂されるごとに「オールドスピーク」（旧語法）、つまり英語に由来する語彙の数を減らしてゆくことでなされました。

画面をじっと見つめる習慣はたぶんやめられないのでしょうが、二次元《ヴァーチャル》な世界は、私たちがどこかほかで発展させた知力を活かすのでないかぎり、ほとんど意義を持ちません。私たちが、毎日メディアに登場するのと同じ単語、同じフレーズを繰り返していると、私たちはもっと大きな観念上の枠組みが持てないことをも甘受することになります。そうした観念上の枠組みを持つためにはコンセプトの数を増やさなければならないし、増やすためには読書が必要なのです。だからテレビでもパソコンでも画面は部屋から一掃し、自分の周りに本を積み上げることです。オーウェルやブラッドベリの小説の中の登場人物は周りに本を積み上げたりすることはできませんでしたが、私たちにはまだ可能なのです。

では、何を読めばよいのでしょうか？　良い小説なら、私たちがあいまいな状況について考え、他人の意向を推しはかる能力を活性化してくれます。フョードル・ドストエフスキーの『カラマーゾフの兄弟』（一八八〇年）、ミラン・クンデラの『存在の耐えられない軽さ』（一九八四年）などは私たちの時代にふさわしいかもしれません。シンクレア・ルイスの『ここでは起こりえない』（一九三五年）は作品の出来としてはそれほどではないでしょうね。比べると、フィリップ・ロスの『プロット・アゲンスト・アメリカ』（二〇〇四年）の方が良い作品です。膨大な数のアメリカの青少年が知っている一つの小説が、実は暴政と抵抗についての説明となっています。J・K・ロウリングの『ハリー・ポッターと死の秘宝』（二〇〇七年）であり、仮にあなた自身や友人や子どもたちが初回はそのように読まなかったとしたら、もう一度読み返す価値があります。

この9の項目で論じていることに生気を吹き込んでくれるものとして、次のような政治的・歴史的文献が挙げられます。ジョージ・オーウェルのエッセイ「政治と英語」（一九四六年）、ヴィクトール・クレンペラー『第三帝国の言語』（一九四七年）、ハンナ・アーレントの『全体主義の起原』（一九五一年）、アルベール・カミュの『反抗的人間』（一九五一年）、チェスワフ・ミウォシュの『囚われの魂』（一九五三年）、ヴァーツラフ・ハヴェルの「力なき者たちの力」（一九七八年）、レシェク・コワコフスキの「保守‐リベラル‐社会主義者であるには」（一九七八年）、ティモシー・ガートン・アッシュの『逆境を逆手にとる』（一九八九年）、クリストファー・ブラウニングの『普通の人びと——第101警察予備大隊とポーランドでの最終的解決』（一九九二年）、トニー・ジャットの『知識人の責任——ブルム、カミュ、アロンとフランスの20世紀』（一九九八年）、ピーター・ポマランツェブの『何一つ真実はなく何ごともありうる』（二〇一四年）などです。

クリスチャンなら、時期・時代を問わず常にきわめてタイムリーな書物といえる聖書に立ち返ることでしょう。イエスは、「富んでいる者が神の国に入るよりは、らくだが針の穴を通る方がやさしい」と説きました。「だれでも、自分を高くする者は低くされ、自分を低くする者は高くされる」のですから、私たちは謙虚でなければなりません。それにもちろん私たちは、何が真実で何が偽りかに気を配らねばなりません。「そして、あなたがたは真実を知り、真実はあなたがたを自由にする」のですから。

10 真実があるのを信ぜよ

真実である事実を放棄するのは自由を放棄することです。仮に何一つ真実たりうるものがなかったなら、誰一人権力を批判できないことになってしまいます。批判しようにも根拠がなくなるからです。仮に何一つ真実たりうるものがなかったなら、すべては見せ物になってしまいます。誰よりもふんだんに金を使った者が、誰よりもよく人々の目を眩ますことができるのですから。

あなた方が、「耳にしたいことと実情のあいだの違いなどどうでもいい」と考えたら、あなた方は暴政を甘んじて受けいれることになるのです。この現実放棄は自然で悦ばしいことに感じられるかもしれません。けれどその結果はどうかと言えば、あなた方が個人としての存在を失うことであり、それゆえに、個人主義に立脚するいかなる政治制度も崩れることとなるのです。ヴィクトール・クレンペラーのような全体主義の観察者たちが気づいたように、真実は四つのやり方で消滅します。そのどれをも、今回のアメリカの大統領選挙で私たちは目撃したばかりなのです。

最初のやり方——。実証できる事実に対し公然と敵意を剥き出しにし、作り事と嘘とをあたかも事実であるかの如く提示するという形をとります。現大統領はこれを、並外れた比率とペースとで行っています。二〇一六年の選挙運動中に彼の発言の追跡が行われましたが、彼が事実と主張するものの七八パーセントは虚偽であることがわかりました。この比率があまりにも高いので、残りの二二パーセントの事実でさえも、まったくのつくり話へ持ってゆく途中でうっかり見逃してしまったように思えてしまうほどです。現実の世界を貶めることは、作り物の「異世界《カウンターワールド》」を生み出す端緒となるのです。

二番目のやり方——。シャーマニズム的な「呪文《インカンテーション》」です。クレンペラーが気づいたように、ファシストのやり口は、作り事はもっともらしく、犯罪者は望ましく見せようとしてのことですが、「果てしない繰り返し」に立脚していました。現大統領が「嘘つきテッド《ライイン》」とか「不正直ヒラリー《クルキッド》」とかの渾名を几帳面《システマティック》に使うのは、現大統領自身に添えるのがさらに適当なはずの人格的特性をどこかに消し去ってしまう効果がありました。もっとも、現大統領はツイッターでの傍若無人な繰り返しを通して、いろんな人物を無理矢理ステレオタイプに落とし込んでしまったのですが、今度はそれらのステレオタイプを人々が声高に叫んだのでした。政治集会で繰り返されたメキシコとの国境に「壁を建てろ」だの「ヒラリーを収監しちまえ」というスローガンめいたものは、現大統領が実行に移す特別な計画を持っているものを言い表していたのではなかったのですが、その誇張や仰々しさが、彼と聴衆のあいだのしっかりとしたつながりを生み出したのです。

三番目のやり方——。因果関係が正当化できない物事に原因を求める思考法である「マジカルシンキング」、つまり、矛盾を衒《てら》いもなく一緒くたにすることです。現大統領の選挙運動は、誰にとっても減税となり、国の債務は無くし、社会福祉にも国防にもどちらにも支出を増やすといった公約を盛り込んでいました。こうした約束は互いに矛盾したものです。譬えて言えばこんなものです。農民が言うには、鶏小屋から卵を一個とってきて、まるまる茹で卵にして妻に食べさせる、そのうえ落とし卵にして子どもたちにも食べさせる、それからその卵を雌鶏にもとの形で戻して、その後はひよこが孵化するのを眺めているのです。おわかりでしょうか？

こうした極端な嘘を受けいれるには、恥知らずにも理性を捨てなければなりません。一九三三年にドイツで、「マジカルシンキング」の思考法から友人らを失ってしまったことをクレンペラーが記しているのは、こんにち不気味なほど真実味を伴って聞こえます。たとえば、クレンペラーの元学生だった一人は、彼に向かって「自分なぞ捨てて感情だけに身を任せてください」と懇願したのです。「そうして、現在あなたが感じている不快感にでなく、総統《フューラー》の偉大さにいつも心を向けていなければならないんですよ」。かと思えば、その一二年後、さんざん残虐行為があって、しかもドイツが明らかに敗れた戦争が終わる時点でも、一人の切断手術を受けた兵士がクレンペラーに向かって、ヒトラーは「いちども嘘をつかなかった。自分はヒトラーを信じている」と告げたのでした。

四番目の最後のやり方――。筋の通らぬ、信仰と言ってもよい信頼です。これには、現大統領が「私だけがそれを解決できる」とか「君らを代弁するのは私だ」と言った場合の自己神格化した主張の類も含まれています。信仰と言ってもよい信頼がこんな風に天から地に降りてきてしまったら、私たちの個人的な洞察力や経験というささやかな真実の入る余地もなくなってしまいます。クレンペラーを震え上がらせたのは、この天から地へ降りてくるのが、永続的に思えてしまうことでした。ひとたび真実が事実に基づくものでなく託宣《オラクル》めいたものになったら、証拠や証言は重要でなくなったのです。戦争が終わろうとしているのに、労働者の一人はクレンペラーにこう言いました。「理解するなんてのは無益なことさ。絶対的な信頼の念を持つ必要があるんだよ。俺は総統を信じるね」。

ルーマニアの大劇作家のウジェーヌ・イヨネスコは、一九三〇年代に次々と友人がファシズムの言葉の使い方へと、そっと入り込んでゆくのを眺めていました。この経験が一九五九年の不条理劇『犀』の下敷きになったのです。この劇ではプロパガンダの餌食になった者たちは巨大で角のある獣に変えられてゆくのです。彼自身の個人的経験について、イヨネスコは次のように記しています。

大学教師、学生、知識人が、次々に、ナチになり、鉄衛団に入っていった。もともとは、彼らは確かにナチではなかった。一五名ばかりで集まって話し合ってはナチの主張に対立する主張を見つけようとしたものだった。そうたやすくはなかった……。ときおり友人の一人がこう言った。「僕もナチにはほんとうに同意できないよ。だけど、いくつかの点ではねえ、それでも、認めないわけにはゆかないんだ。たとえばユダヤ人は……」ってぐあいだった。そしてこれが兆候だった。三週間後には、その人物はナチになっているのだった。彼はメカニズムに組み込まれてしまい、何もかも受けいれてしまい、犀になってしまったのだ。終《しま》い頃には、私たちの中でまだ抵抗していたのは三、四名だった。

イヨネスコは、プロパガンダなるものが現実にはいかに奇妙か、それにもかかわらずプロパガンダに屈した者にとってはいかに当たり前に思えるか、それを少しでも私たちに理解させたかったのです。犀という不条理というかばかげたイメージを使うことで、彼は人々にショックを与えて現実に起きていることの奇妙さに気づかせようと試みたのです。犀が歩き回っているサバンナは、私たちのメンタルの中です。私たちは今や「ポスト・

トゥルース」と呼んでいるものについてひどく憂慮しています。そして、私たちは、ポスト・トゥルースが平凡な事実を物笑いの種にすること、ポスト・トゥルースが「オルタナティヴ・ファクト」（もう一つの事実！）をでっち上げることを、新たなもの、ポストモダンなものと考えがちです。ところが、ポスト・トゥルースについては、ジョージ・オーウェルが七〇年も前に『一九八四年』で提起した「二重思考《ダブルシンク》」という概念でほとんど描写し尽くしていたのです（「二重思考」とは、「矛盾する二つの意見を同時に持ち、両方とも信奉すること」ですが、これは項目9で出てきた「ニュースピーク」による単語です。「オールドスピーク」、つまり私たちの英語で表現するとなんと「リアリティ・コントロール」となるのです）。その哲学において、ポスト・トゥルースは、ファシストの真実に対する態度をまさに復活させるものです——ですから、私たち自身の世界の何を突きつけても、クレンペラーとかイヨネスコを仰天させるものは一つも出て来ないはずです。

ファシストは、日々の暮らしのささやかな真実を軽蔑し、新しい宗教のように響き渡るスローガンを愛しました。歴史やジャーナリズムよりもつくられた神話の方を好みました。その当時はラジオでしたが、新しいメディアを用いました——人々が事実を確認する時間をとる前に、感情をかき立てるプロパガンダの太鼓の音《ね》を生み出すためでした。そして今回、その頃と同じで、たくさんの人間が、大きな欠点を有する指導者への信仰に近い信頼と、世界についての私たちみなが共有している真実とを混同してしまいました。

「ポスト・トゥルース」とは「ファシズム前夜《プレファシズム》」のことなのです。

11 自分で調べよ

自分でものごとを解き明かしてください。長い記事や論説を読むのにもっと時間を割いてください。紙媒体のメディアを定期購読することで、調査するジャーナリズムを財政的に支えてください。インターネットに出てくることのいくらかは、あなた方に害をなすためにそこにあるのだということを理解することです。(中には国外からのものもある) プロパガンダ活動を検証するサイトについて、知っておくことです。他の人間とやりとりする内容については、責任を持ちましょう。

「真実ってなんだろうね？」ときとして人々は、何のアクションも起こしたくないのでこうした質問をします。何につけてもシニカルでいれば、（ほかの市民たちと一緒に無関心という泥沼にはまってゆくときでさえ）自分は最新の情報に通じているし、既成のものに囚われていないと感じることができるのです。あなた方を自立した個人にするのは事実を見極める能力であり、私たちを社会たらしめるのは共有する知識に対する挙《こぞ》っての信頼なのです。調査する個人はまた建設的な市民でもあります。（個人であれ何であれ）調査する存在を嫌う指導者は、暴君になりかねないのです。

現大統領は選挙運動中、ロシアのプロパガンダ・メディアのインタビューを受けて、アメリカの「メディアはこれまで信じられないほど不正直だった」と主張しました。彼は選挙戦の集会からたくさんのレポーターを締め出しましたし、定期的に一般の人間たちからジャーナリストへの憎悪を引きだしました。権威主義体制の指導者たちと同じで、彼は批判を封じ込める法律を導入することで言論の自由を抑圧してやると公約していました。ヒトラーと同じで、現大統領は「嘘」という語を、自分の好みに合わない事実が述べられることを指すのに用いましたし、ジャーナリズムのことは、自分に反対するキャンペーンとして描いたのです。現大統領は、膨大な人数に彼が伝える誤った情報のソースとなっているインターネットとの相性の方が、メディアとの相性よりも良いのです。

一九七一年に、ベトナム戦争についてアメリカ合衆国で流された虚偽について考慮した政治理論家ハンナ・アーレントは、自由な世界で「虚偽」に打ち克つためにと、「事実」に本来備わった力に慰めを求めました。「まともな状況下では嘘つきは現実によって打ち負かされるが、これは現実に代われるものはないからだ。嘘つきとしてはひけをとらない者がいかに大きな虚偽というう、、、すぎぬを持ち出したからといって、たとえコンピューターの助けを借りようとも、事実の広大さを覆えるほど大きいわけではけっしてない」。このアーレントの言葉のコンピューターに関する部分はもう通用しません。二〇一六年の大統領選挙で、インターネットの二次元《ヴァーチャル》な世界は、人間同士のコンタクトという三次元《リアル》な世界より重要でした。選挙で戸別訪問した運動員たちは、自分たちの意見がフェイスブックのフィードで肯定されるのでなく、生身の人間と政治を語り合うことになるのだと知ってびっくりした市民が目をぱちくりさせるのに出くわしたものです。二次元《ヴァーチャル》のインターネットの世界では、陽光の下では見えない新しい集団が出てきました――不正操作の恩恵を被り、別種の世界観を持った手合いです（そうです。あなた方を陰謀を探すことでインターネットに釘付けにさせる……これもインターネットの陰謀なのです）。

私たちは紙面でも頭の中でもストーリーを展開させるためには、紙媒体のジャーナリストを必要とします。たとえば、現大統領が女は「家に引きこもる」ものだとか、妊娠は（雇用者に）「迷惑をかける」とか、母親は仕事に「一〇〇パーセント」を捧げられないとか、女は中絶をしたら罰せられるべきだとか、女は「ずぼら」で「豚」で「犬」だとか、女には性的暴行をしても許されるのだとか言ったりするのは、どう解釈すべきなのでしょうか？　現大統領の所有していた会社のうち六社がこれまで破産してきたし、現大統領の持っている企業にはロシアやカザフスタンにある法人からの謎めいた金が融資されていたとしたら、どう解釈すべきなのでしょうか？　私たちはそうした事柄についてさまざまなメディアで知ることができます。けれども、画面で知る際には、見せ物の持つ威力《ロジック》に引きこまれてしまいがちです。私たちはひとつ醜聞を知ると、次のを知りたいという好奇心が刺激されます。私たちが潜在意識で、私たちは現実の生活や社会のことについてでなく、（「リアリティ番組」どころかやらせで成り立つ）「リアリティショー」を視聴しているのだということを一度でも受けいれてしまえば、どんなイメージも現大統領を政治的な面でほんとうに傷つけることはできはしません。「リアリティ・テレビ」の類は、取り上げるエピソードごとに、よりドラマチックな方へとなびかざるをえなくなります。仮に私たちが現大統領がウラジーミル・プーチンが手拍子をとる前でコサックダンスを踊るビデオを見せられたなら、おそらく私たちは、同じようなものとして現大統領が熊のぬいぐるみを着てルーブル紙幣を咥えているビデオを見ることを求めるようになるのです。

より良質な紙媒体のジャーナリストは、私たち自身とわが国のために、彼らが取り上げなければバラバラな情報に思えたものの意味を考えさせてくれます。ただし、誰でも記事の「再投稿《リポスト》」はできますが、調べて書くという方は時間もお金もかかるハードワークです。あなた方は「既成主流メディア」のことを嘲る前に、それがもう主流でなくなっていることに気づくべきです。主流でありわかりやすいものとなっているのは嘲笑の類であり、先端的で難しいのが真のジャーナリズムなのです。よって自分で、三次元《リアル》な社会での作業を伴う適切な記事を書いてみたらどうでしょうか。そのためには、どれも限られた厳しい日程で、次のようなことをしなければなりません。旅行をし、インタビューをし、情報源との関係を保ち、書かれた記録も調査し、何ごとをも実証し、原稿を書いては直してゆくのです。仮にこちらの方が好きならば、ブロガーになることです。記事でもブログでもどちらを書いているあいだも、生業《なりわい》として今述べた段階をすべて踏んでいる人たちへ信頼を寄せることです。どんな職業の人間も完全ではないのと同じで、ジャーナリストも完全ではありません。ただ、ジャーナリストの倫理に固執する人間たちの仕事は、そうでない人間たちの仕事とは質が違うのです。

私たちは配管工や自動車整備工に金を支払うのを当たり前と見なしているのに、ニュースは無料であることを求めます。配管や自動車整備に金を出さなかったら、私たちは水も飲めなければ車も運転できなくなります。ならばどうして、政治的判断については、一銭も投資しないで下すべきだということになるのでしょうか？　私たちが手に入れられるのは、代価を払ったものだけなのです。

仮に私たちが事実を本気で追求するなら、インターネットは、事実を伝える（インターネット以前の人間たちには）羨ましがられる力を私たちに与えてくれています。本書で引用した権威たちも、そうした類のものを持っていませんでした。本書のエピグラフを引用した偉大なポーランドの哲学者で歴史家のレシェク・コワコフスキは、共産主義体制への批判を公然と口にしたのでワルシャワ大学での教授職を失い、著書も出せなくなりました。

本書での最初の引用はハンナ・アーレントからですが、残忍なナチス体制を逃れた人物によって書かれた奇跡的な業績である「我ら亡命者」という題名のパンフレットからとっています。こんにちではたいそう崇拝されているヴィクター・クレンペラーのような目覚ましい知性も、記憶されているのは偏《ひとえ》に、ナチス支配のもとで頑固に私《ひそ》かに日記を書き続けたことによってです。クレンペラーにとって、日記を書くのは命の支えでした。「私の日記は綱渡りに使うバランス棒だった。それがなければ、私は一〇〇〇回も落ちてしまったことだろう」。一九七〇年代の共産主義反体制派として最も重要な思想家だったヴァーツラフ・ハヴェルは、彼の最も意味あるエッセイ「力なき者たちの力」を、チェコスロバキア共産党秘密警察による尋問を受けて間もなく死んだある哲学者に献げました。けれど、共産主義体制下のチェコスロバキアでは、このパンフレットは、当時の東ヨーロッパ人がロシアの反体制派に倣って「地下出版《サミズダート》」と呼んだように、わずか数部が非合法に回覧されるしかなかったのです。

「仮に偽りの生活を送ることが体制を支えるのなら、それならば体制にとって本質的な脅威は真実の中で生きることであるとしても驚くに値しない」とハヴェルは記したのでした。

今やインターネットの時代で私たちは全員が出版業者なのですから、私たち一人一人が公衆の抱く真実についての認識に対して、いくばくかは個人的な責任を有しているのです。仮に私たちが真剣に事実を探ろうとするなら、私たちはそれぞれが、インターネットの使い方に小さな革命を起こすことができるのです。仮に自分自身で情報が正確か確認しているなら、「フェイクニュース」を他の者に送ることはありません。しかるべき理由があって信頼を寄せているレポーターの言っていることなら信じてみようと選択したなら、彼らレポーターが得た知識を他の者に伝えることもできます。仮にあなたが、ジャーナリズムのルーティンを守ってきた人間たちの投稿のみにリツイートするなら、ボットのような危険をはらむものやトロールと呼ばれる「荒らし」をネット上で相手にすることで頭のめぐりを悪くする可能性は少なくなります。

私たちには、自分たちが虚偽を公表する際に損なってしまう他人の頭脳の中は見えませんが、だからといって損なっていないというわけではないのです。車の運転を考えてみましょう。私たちはもう一台の方の車の運転手を見はしないでしょうが、その男の車に衝突してはいけないことは知っています。どちらもダメージを受けることがわかっているからです。毎日何十回となく、その人物を見ることなしに私たちはもう一人の運転手を守っているわけです。同じように、私たちはコンピューターの前に座るもう一人の人物を見はしなくとも、その人物の読んでいる情報に対してそれなりの責任を持っているのです。仮に私たちが、インターネット上の目には見えない他の人物たちの頭脳を手ひどく損なうことを避けられるならば、彼らもまったく同じようにすることを学ぶことでしょう。そうすれば、私たちの「インターネット・トラフィック」も、巨大で殺伐とした事故を起こすことはなくなるのではないでしょうか。

12
アイコンタクトとちょっとした会話を怠るな

礼儀というだけではありません。市民であり社会の責任ある成員であることの重要な部分なのです。周囲と接触を保ち、社会的なバリアを崩し、誰を信頼し誰を信頼してはならないかを理解するための方法でもあります。私たちが告発や公然たる非難が当たり前になる時代に入ってゆくところだとしたら、あなた方は、日常生活で心に映る光景がどのようになるかを知りたくなることでしょう。

二〇世紀のヨーロッパでは時期もさまざまなら場所もさまざまな所で暴政が敷かれましたが、その犠牲者たちの回想記には必ず一つ同じものが出てきます。それは、触れると痛みを感じる瞬間についてです。回想記が描いているのが一九二〇年代のファシスト・イタリアであれ、一九三〇年代のナチス・ドイツであれ、一九三七年から三八年にかけての大テロルのあいだのソ連であれ、あるいは一九四〇年代から五〇年代にかけての共産主義体制下の東ヨーロッパでの粛清であれ、抑圧を恐れて暮らしていた者たちが思い出すのは、隣人たちにどう扱われたかでした。微笑み、握手、挨拶の言葉——当たり前の状況なら何の変哲もないしぐさ——が大きな意味を帯びたのです。友人、同僚、知人がそっぽを向いたり、触れ合いを持ちたくないので道を反対側に渡ったりすると、恐怖はいや増したのです。今現在かもしれないし、明日のことかもしれませんが、アメリカ合衆国で脅威を感じる人間が誰かは、あなた方にもはっきりとはしないでしょう。ただあなた方が誰のことをも肯定してあげるなら、人によっては嬉しく思うだろうこと、これははっきりしているのです。

最も危険な時代に逃亡し生き延びる人間たちは、おおむね、信頼できる人間たちを知っています。政治的に見ても、古い友人たちを持っていることは、最後の頼みの綱《ラストリゾート》となりますね。そして新しい友人たちをつくるのは、変革に向けての第一歩なのです。

13

「リアル」な世界で政治を実践しよう

権力はあなた方が椅子にだらしなく座り、感情を画面に向けて発散することを望んでいます。外へ出ましょう。身体を見知らぬ人たちのいる見知らぬ場所に置くのです。新しい友人をつくり一緒に行進するのです。

「抵抗」が成功するには、二つの境界を乗り越えなければなりません。まず、変革を考えるならば、何にでも同意に達するわけではない、そしてさまざまな背景を持った人間たちを引きこまなければなりません。次いで、自分の家庭でない場所、それまでは友人でなかった集団の中に身を置かねばならないのです。抗議はソーシャル・メディアを通じて組織できはしますが、最後は街中《まちなか》でというのでなければ現実味がきわめて乏しいのです。暴君も三次元《リアル》な世界で自分たちの行為のなりゆきを感じとるのでなければ、何も変わりはしないのです。

共産主義に対する抵抗で成功した例の一つは、一九八〇年から八一年にかけてのポーランドの労働運動「連帯」です。それは、労働者と専門職の連合、ローマカトリック教会の教徒と非宗教的グループの連合でした。連帯の指導者たちは、共産主義体制下で厳しい教訓を学んでいました。一九六八年に、共産主義体制は抗議する学生に立ち向かわせるのに労働者を動員しました。バルト海に面したグダニスクでのストが残虐に鎮圧された一九七〇年には、疎外感を抱いたのは今度は労働者の側でした。けれども、一九七六年には、知識人や専門職が、政府に酷使され続けてきた労働者のための支援グループをつくりました。これは政治的には右寄りも左寄りもいたし、宗教的には信者も無神論者もいるグループでしたが、こんなことでも起きなかったら遭うこともなかっただろう労働者のあいだで信頼をかちえたのです。

バルト海に面したグダニスクで、ポーランドの労働者たちが一九八〇年にふたたびストをうつと、彼ら労働者が自分たちの立場を主張するのを支援する弁護士、学者などが合流しました。その結果が、自主管理労組の創設であり、人権を守るという政府からの保証であったのです。連帯が合法的であった一六ヶ月間というもの、一〇〇〇万人が参加し、スト、行進、デモのあいだに数え切れないほどの新たな友情が生まれました。ポーランド共産主義体制は、一九八一年に戒厳令を敷くことで運動を鎮圧しました。もっとも、八年後の一九八九年になって共産主義者たちが交渉相手を必要とするようになると、彼らは連帯に目を向けざるをえませんでした。連帯は自由選挙を強く主張し、それに勝利を収めました。これがポーランドでの、また東ヨーロッパでの、さらにソ連での、共産主義の終わりの始まりでした。

公の場に出るという選択は、私的な生活空間、つまるところきちんとした私生活を維持できるかどうかにかかっています。私たちが自由なのは、自分たちが他人から見られるときと見られないときのあいだに、自身で線引きができるときに限られるのです。

14 きちんとした私生活を持とう

卑劣な支配者たちは、あなた方についての情報を、あなた方を好き勝手にするために用いるものです。定期的に悪意《マリシャス》のあるソフトウェア、略して「マルウェア」をあなた方のコンピューターから取り除きましょう。Eメールは、空中に文字を描くようなものだということを忘れてはいけません。インターネットを違った形で使うこと、あるいは単純にもっと使用頻度を少なくすることを考えてみることです。じかに個人的な交流を持つことです。同じ理由から、法的なトラブルはどんなものでも解決しておくこと。暴君は、あなた方を鉤《フック》に吊してがんじがらめにしようとします。そんな鉤《フック》とは無縁でいることです。

偉大な政治思想家ハンナ・アーレントが「全体主義《トータリタリアニズム》」という語で意味したのは、全能の国家などではなく、公的生活と私生活との境目をなくすことでした。私たちは、次のようなものを自らの力で制御できるという条件下でのみ自由になりうるのです——つまり、人々の自分についての知識と、また、どのような状況で人々がその知識を得るに至るかを、自らの力で制御できるという条件下です。アメリカでは、二〇一六年の大統領選挙戦のあいだに、私たちは全体主義へと一歩進んでしまいましたが、「電子プライバシー」への侵害を当たり前と見なしたので、その一歩について気づきさえしませんでした。アメリカの情報機関の仕業か、ロシアの情報機関の仕業か、あえて言うなら他のどんな組織や機関の仕業でもよいのですが、私信の類を盗み、それについて議論し、公表することは、私たちの基本的人権を蔑ろにするものです。仮に私たちが、自分について「誰が何をいつ読むのか」といったことを制御できなければ、私たちは現在の活動もできず将来の計画の立てようもなくなってしまいます。あなたのプライバシーに入り込める者は誰でも、自分の思うがままにあなたの面目を失わせ、あなたの諸々の関係性を途絶えさせることができるのです。悪意に満ちた指令によるプライバシーの暴露などものともしない、そんな私生活を送っている人間など誰もいないのです――暴君だけは別なのでしょうが。

二〇一六年の大統領選挙戦でのここぞという時機の紙爆弾ならぬEメール爆弾も、強力な「逆情報《ディスインフォーメーション》」でした。ある状況下で書かれた語やフレーズは、その文脈の中でのみ意味を持つものです。語やフレーズを本来それが発せられた歴史的な瞬間から切り離し他の歴史的な瞬間に置くことそのものも、事実の「歪曲《フォルシフィケーション》」という行為なのです。いっそう悪いことは、メディアがEメール爆弾をあたかもニュースであるかのように追いかけ、メディア本来の使命に背いてしまったことです。人々がその時点で言ったり書いたりしたことの理由を説明する努力をしたジャーナリストは、はたしてどれだけいたでしょうか。それどころか、侵害したプライバシーをニュースとして伝えることで、メディアはその日に現実にあったことから目を逸らして愧《は》じなかったのです。基本的権利の侵害を報じるよりも、アメリカのメディアは、私たちが第三者の事情に抱く本質的にわいせつな関心事を報道することに、愚かにも興じていたのです。

アーレントの考えでは、私たちが内密なものに貪欲であるのは、危ういほど政治的なことなのです。全体主義が公私の境目をなくすのは、個人の自由を奪うためだけでなく、社会全体をまともな政治から引き離して陰謀論へと誘導するためでもあるのです。事実を定義し解釈を生むよりも、私たちが惹きつけられるのは、何ものをも解明する隠された真実や後ろめたい陰謀という考えなのです。Eメール爆弾から学んだように、暴露されるものが何の価値もないものであってもこのメカニズムは働くのです。かつて「極 秘《コンフィデンシャル》」とされたものの暴露自体がストーリーたりうるのです（この点では、報道メディアの方が、たとえばファッション記者やスポーツ記者よりもはるかにたちが悪いのは印象的です。ファッション記者はモデルたちが更衣室で裸になるのを知っているのだし、スポーツ記者はアスリートがロッカールームでシャワーを浴びるのを知っているわけですが、どちらもプライベートな事柄を、自分たちの本分とされる公のストーリーの報道に差し替えたりはしないからです）。

暴君とスパイとが選んだタイミングに乗せられ、妥当性の疑わしい事柄に対し積極的な関心を払うとき、私たちは自分たちの政治秩序の破壊に荷担しているのです。なるほど、私たちが感じているのは、他のだれかれと調子を合わせているに過ぎないということなのでしょう。それはそのとおりなのですが、アーレントが社会は「無秩序な群衆《モッブ》」に退化するとして表現したものが、まさにそこにあるのです。私たちはこの問題を、自分のコンピユーターをしっかりと攻撃から守ることで個人のレベルで解決しようとすることができます。また、私たちは、たとえば人権を擁護する組織を支持することで、皆と力を合わせて解決しようとすることもできるのです。

15 大義名分には寄付せよ

政治的なものとそうでないものとを問わず、あなた自身の人生観を表している組織においては積極的であってください。慈善活動を一つか二つ選んで、自動引き落としを始めることです。そうすれば、あなた方は、シビルソサエティ（政府、企業、血縁関係以外のさまざまな団体や組織。また、そうした民間組織が公共を担う領域）を支援し、他の者が善をなす手助けをするという、自発的な選択を行ったことになるのですから。

どんななりゆきからにせよ、あなた方が他の者が善をなす手助けをしていると知るのは嬉しいことです。私たちの中には、元大統領のうちの一人が「たくさんの光の点」と呼んだ広汎な慈善ネットワークのどれかを支援する余裕がある人がいくらもいます。そうした光の点は、夕暮れどきの星のように、暮れなずむ空を背景としていちばんくっきりと目に映るのです。

アメリカ人が自由について考えるときは、たいていは、孤独な個人と権力を持った政府のあいだの争いを思い浮かべます。私たちは、個人には権限が与えられるべきだし、政府には口を挟ませないようにすべきだと結論づける傾向があります。これは仕方ないというか結構なことなのです。けれども、自由には要素として仲間を選ぶことが含まれ、自由を擁護することには集団がその成員を維持する活動が含まれます。このために私たちは、自分たちに、友人たちに、家族たちにとって意義のある活動に携わるべきなのです。こうした活動ははっきりと政治的なものである必要はないのです。面白い例を出しましょう。ビールの国チェコの反体制派の思想家ヴァーツラフ・ハヴェルは、ビロード革命の前に働いていた醸造所で美味しいビールをつくることで手本を示したのです。

私たちがこうした活動に誇りを抱き、同じように誇りを抱いている他の者たちと知り合うようになれるなら、私たちはシビルソサエティを創りあげていると言えるのです。引きうけた仕事を一緒にやることは、私たちに、自分たちが友人、家族といった狭い輪《サークル》に入らぬ人々を信頼できることを教えてくれますし、自分たちが学べる権威者《オーソリティ》を見分けるのにも役立つのです。信頼したり学んだりできれば、人生や社会の無秩序と謎の度合いを減らしてくれますし、民主政治をいっそう一貫性も魅力もあるものにしてくれます。

私たちを取り巻く状況よりはるかに極端な状況に直面していた、東ヨーロッパの反共産主義の反体制派は、シビルソサエティのうわべは非政治的な活動を、自由の表現であり自由の安全装置《セーフガード》だと認識していました。彼らは正しかったのです。二〇世紀には、自由を脅かす主要な敵はひとつ残らず、NGOや慈善団体などに強硬に反対していました。共産主義者はそうした集団はすべて公式に登録されるよう要求しましたし、それらを統制の利く組織に変えてしまいました。ファシストは、彼らの呼び方では「コーポラティズム」の体制を創造しました。その体制の中では、どんな人間の営みも一党独裁国家に従属する中で占めるべき場所があるのでした。インド、トルコ、ロシアのこんにちの権威主義的支配者《オーソリタリアン》たちも、自由な協会やNGOといった考えをひどく毛嫌いしています。

16 他の国の仲間から学べ

国外の友人との友情を保ちましょう。また外国に新しい友人もつくりましょう。アメリカ合衆国の現在の窮状は大きな潮流の一部に過ぎません。そしてどんな国であれ自国だけで解決法を見出せはしないのです。あなた方も家族も、必ずパスポートを持っていてください。

現大統領が選出される前の一年間、アメリカのジャーナリストたちは彼の選挙運動について誤りを重ねました。次々と障害を乗り越えてゆき、勝利を積み重ねてゆくというのに、有力なコメンテーター陣はそれでも私たちに、「次の段階に入れば、どれがとは言えぬが素晴らしいアメリカの組織によってストップをかけられることになる」、そう保証してくれたものです。一方で、まるで異なった立場をとった観察者たちがいました。東ヨーロッパの人間や東ヨーロッパ研究者です。彼らにとっては、現大統領の選挙運動のほとんどはなじみのあるものでしたし、最終的な結果も少しも驚くものではありませんでした。アメリカ中西部の空気を嗅いだウクライナやロシアのジャーナリストたちは、自国アメリカの政治の理解に基づいてキャリアを築き上げてきたアメリカの世論調査者に比べ、現実を見すえたことを口にしていたのです。

ウクライナ人にとっては、アメリカ人は「サイバー戦争」と「フェイクニュース」という明白な脅威に対応するのが、滑稽なほど遅く思えました。二〇一三年にロシアのプロパガンダがウクライナを標的にしたときには、若いウクライナ人ジャーナリストなどが、「逆情報《ディスインフォーメーション》」を暴露するキャンペーンを張って、即座に、決然として、そしてときにはユーモラスに反応したものでした。ロシアは、後《のち》になってアメリカ合衆国に対して用いたのと同じテクニックを、ウクライナ侵攻時にウクライナを相手にしてもたくさん用いていました。ロシアのメディアが二〇一四年にウクライナ軍部隊が小さな男の子を磔にして責め苛んだと虚偽の主張をしたときに、ウクライナ側の対処は迅速で、（少なくともウクライナ国内では）効果的でした。ロシアのメディアが二〇一六年に、ヒラリー・クリントンがEメールの中で「決断疲労《デシジョンファティグ》」（これ自体は病気ではありません）についての記事に言及していたからヒラリーは病気なのだというストーリーを広めたときに、そのストーリーは今度はアメリカ人によって広められてしまいました。ウクライナ人は勝ち、アメリカ人は敗れました。というのは、ロシアは己の欲する体制を隣国にうち立てるのに失敗しましたが、アメリカ合衆国ではロシアにとって好ましい候補者が実際に勝利したからです。ここで私たちは考え直すべきなのでしょう。しばらくは西から東へと進んでいるように思えた歴史が、今や東から西へと動いているように思えるからです。アメリカ合衆国で起きることは、何でも初めは東の方で起きるように思えるのです。

ほとんどのアメリカ人がパスポートを持っていないというのは、アメリカの民主主義にとって問題となっています。ときおりアメリカ人は、「自由を守ってアメリカで死ぬ方がよいから旅行書類など必要じゃない」と口にします。素敵なレトリックですが、重要な点を見逃しています。戦いは長期化するという点をです。戦いには犠牲を必要とするのが常だとしても、まず要求されるのは――自分たちが抵抗しているものや、抵抗するのに最善な方法を私たちが知るためにも――私たちの周りの世界への関心を持続させることなのです。だから、パスポートを持つのは屈服の徴《しるし》どころではありません。それどころか、パスポートは新しい経験を積む可能性を生むので、私たちを解放してくれるものなのです。パスポートがあれば、私たちは、ときとして自分たちより賢いこともある他の国民が、同様な問題にどのように対処しているかを目の当たりにできるのです。この一年で起きたことのかなりの部分は、アメリカ以外の世界ではなじみの深いもの、ないし最近の歴史に見られたことですから、私たちはアメリカの外に出て、観察し、耳を傾けたりそばだてたりしなければならないのです。

17

危険な言葉には耳をそばだてよ

「過激主義《エクストリミズム》」とか「テロリズム」といった言葉が使われるのには警戒してください。「非常時《エマージェンシー》」とか「例外《エクセプション》」といった由々しい観念には敏感でいてください。愛国的な語彙の、実際には祖国への背信につながる使い方には憤ってください。

ナチでいちばんの知性、法哲学者のカール・シュミットは、「ファシスト支配」の本質をはっきりした言葉で説明しています。こんな風にです。

あらゆる規則を破壊する方法は、「例外」という考えに焦点をあてることである。ナチ指導者の一人は、現時点は例外的なのだという確信を浸透させ、それからその例外的な状態を恒久的な「非常時」に一変させることで政敵や反対者たちの裏をかく。ついで市民たちが、ほんものの自由を偽りの安全と引き換えにするのだ。

こんにちの政治家たちがテロリズムを引き合いに出すときには、彼らはむろん現実の危険について語っています。けれども、政治家たちが安全の名のもとに自由を明け渡すよう私たちを仕込もうとするなら、私たちは油断していてはいけないのです。安全と自由の二つには「二律背反《トレードオフ》」がつきものというわけではないのです。私たちは一方を手放すことでもう一方を手に入れる、実際にそんな場合もありますが、そうでない場合だってあるのです。あなた方に向かって自由を代償にしてはじめて安全を得られるのだと保証する人間たちは、たいていはあなた方にどちらも与えたがらないものです。

あなた方には、より安全にならなくとも自由を手放すことが確かにありえます。権威や権力を持つ者への服従の感覚は心安らぐものかもしれませんが、現実の安全と同じものではないのです。背中合わせですが、少しの自由を得ることで怖じ気づかされるかもしれませんけど、この一時的な不安は危険なものではありません。さて、自由も安全も同時に犠牲にしてしまう状況を想像するのはたやすいことです――虐待関係に入るとかファシストに投票するとかした場合の状況です。同様に、虐待関係から離れるとかファシスト国家から国外移住するとかのように、自由と安全とを同時に拡大する選択肢を想像するのも、少しも難しいことではありません。自由と安全とを同時に拡大するのは、本来政治のなすべきことなのです。

過激主義《エクストリミズム》というのは、なるほど聞こえが悪いものですが、政府はしばしば同じ文の中でテロリズムという語を使っていっそう聞こえを悪くしようとします。けれど、過激主義という語はほとんど意味を持ちません。主義《ドクトリン》としての過激主義などありはしません。暴君が過激主義について発言するときには、彼らは単にメインストリームにいない者たちのことを指しているのです——発言した時点でのメインストリームの範囲を限定するのは暴君自身なのですから。二〇世紀の反体制派は、ファシズムに抵抗しているにせよ共産主義に抵抗しているにせよ、「過激派《エクストリミスト》」と呼ばれました。ロシアのような現代の権威主義体制は、自分たちの政策を批判する者を罰するために過激主義処罰の法律を用います。こうして、過激主義の概念は実質的に何でも指すようになってきます——ほんとうに過激《エクストリーム》なものである「暴政」を除いて何でもという意味ですが。

18 想定外のことが起きても平静さを保て

現代の暴政は「テロの操作《テラーマネージメント》」を行います。テロリストの攻撃があったときには、権威主義的支配者《オーソリタリアン》は権力を強固にするためにそうした出来事を利用しようとすることを忘れてはいけません。思いがけない大惨事により、「チェックアンドバランスの終焉、野党の解体、表現の自由や公正な裁判を受ける権利などの停止」といったものが要求されるとしたら、それはヒトラーの書物にもあって、策略《トリック》としてははなはだ古いものです。そんなものには引っかからないこと！

ドイツ国会議事堂《ライヒスターク》の火事は、おおむね民主的な手続きを経て政権の座に就いたヒトラーの政府が、恐ろしいことに永続性を備えた「ナチス体制」となった契機でした。現在でも、「テロの操作」の典型《アーキタイプ》となっています。

一九三三年二月二七日午後九時前後に、ドイツ国会議事堂が燃え始めました。ベルリンでその晩火を放ったのは誰だったのか？　私たちにはわかっていないし、そのことは本質的な問題ではないのです。問題なのは、このこれ見よがしなテロ行為が非常時の政治を発動させたことでした。その晩じっと炎を見つめながら、喜んだヒトラーは口にしました。「この火事は始まりに過ぎないんだぞ」。ナチスが放火したかどうかはともかく、ヒトラーは政治的な好機を見出しました。「今後慈悲はありえないのだ。我々の前に立ちはだかる者は誰でも倒されるのだ」。翌《あく》る日に、すべてのドイツ国民の基本的権利を停止する布告が出され、警察が国民を「予防拘留」できるようになりました。火事はドイツの敵の仕業だというヒトラーの主張を根拠に、ナチ党は三月五日の議会選挙で決定的な勝利を収めました。警察とナチの準軍事組織は、左翼政党の党員を狩り集めて即製の強制収容所に送り込みました。三月二三日には、新しい議会は「全権委任法」を通過させましたが、これによりヒトラーは布告によって支配することができるようになったのです。その後一二年間、ドイツは非常時の状態にあったまま、第二次世界大戦の終焉を迎えます。それまでに、ヒトラーは一つのテロ行為、本来の重要性は大したことのない事件を、数百万の人間を殺害し、世界を一変させた恐怖政治を敷くのに用いたのでした。

こんにちの権威主義的支配者《オーソリタリアン》もテロを操作する政治をしています。それも、どちらかと言えば、昔よりもずっと独創的なやり口をとっています。現大統領の崇拝する、現在のロシア体制を考えてみましょう。ウラジーミル・プーチンは、ドイツ国会議事堂《ライヒスターク》放火事件に驚くほど似ている出来事で権力の座に就いただけでなく、その後は、ロシアで全権を握るために障害となるものは排除し、民主主義的な隣国を急襲するために、一連のテロ攻撃——ほんもののテロ、疑わしいテロ、でっち上げのテロとありますが——を悪用したのです。

一九九九年八月にプーチンが政権運営がうまくいっていなかったボリス・エリツィンによって首班に指名されたとき、プーチンは支持率をほとんど持たない無名の政治家でした。

翌月、明らかにロシア秘密国家警察の手によってロシアのいくつかの都市のいくつものビルで連続爆破事件が起きました。秘密国家警察たるロシア連邦保安庁（ＦＳＢ）の将校たちが、犯罪の証拠をもとに同僚によって逮捕されました。また、一度など、ロシア議会下院の議長が、それが起きる数日前に爆破について予告していた例までありました。それにもかかわらずプーチンは、犯人と目される者たちを追い詰め「屋外トイレで抹殺する」と約束して、ロシア連邦のチェチェン共和国におけるムスリムへの報復戦争を宣言したのです。

ロシア国民は結集し、プーチンの支持率は急騰しました。翌二〇〇〇年三月にはプーチンは大統領選挙に勝利を収めました。二〇〇二年には、ロシアの保安部隊がモスクワ劇場でのほんもののテロリストの攻撃を鎮圧する際に一〇〇名を超えるロシアの民間人を殺害した後で、プーチンはその機会もとらえて「民間テレビ局」を掌握しました。二〇〇四年に、北オセチア共和国で（挑発を疑わせる奇妙な状況下でしたが）テロリストによるベスラン学校占拠事件が起きた後、プーチンは「選出される首長職」を廃止しました。したがって、プーチンが政権の座に上りつめたことも、二つの主要な制度——民間テレビ局と選出される首長職——を撤廃できたのも、ほんもののテロ、疑わしいテロ、でっち上げのテロとありましたが、テロを悪用することで可能となったのです。

プーチンが二〇一二年に大統領職に返り咲いた後、ロシアは「テロの操作」を外交政策にまで採り入れました。二〇一四年にウクライナに侵攻した後、ロシアは自国の正規軍の部隊をテロリスト勢力に変えました。彼らの制服から記章を外し、彼らが負わせたどんなひどい苦痛や被害にもロシアはいかなる責任もとりませんでした。ウクライナ南東部のドンバス地方を手に入れようという作戦で、ロシアはチェチェン人の非正規軍を使い、またムスリム人口の多い地域に拠点を置くロシア正規軍部隊を侵攻作戦に合流させるために送りました。ロシアはまた二〇一四年に行われたウクライナ大統領選挙で、（失敗に終わりましたが）ハッカー攻撃をしかけようともしました。

二〇一五年四月に、ロシアのハッカーたちがフランスのテレビ局の電波を乗っ取り、イスラム国であるかのように装い、フランスでテロを起こす意図を示す映像を流しました。ロシアは、フランス人がそれまで以上にテロを恐れるようにと、「サイバーカリフ国《サイバーカリフェイト》」というハッカー集団に扮したのでした。その目的はおそらくは有権者を、ロシアに財政的に支援されている極右の国民戦線へと向かわせることでした。二〇一五年一一月のパリでのテロリストの攻撃で死者一三〇名、負傷者三六八名を出した後、クレムリンに近いシンクタンクの創設者は、テロリズムはヨーロッパをファシズムとロシアに向かわせるだろうと喜んだものでした。言い方を換えれば、西ヨーロッパにおける、でっちあげのものも、ほんものも含めてイスラム・テロリズムは、ロシアの利益に適うと考えられたのでした。

二〇一六年初めに、ロシアはドイツで、テロをでっちあげる機会をとらえました。シリアの民間人を空爆し、そうすることでムスリム難民をヨーロッパに追いやりながら、ロシアはドイツ人に向かってムスリムは子どもをレイプするような輩だと伝えようと、ある家族のドラマを演出しました。ここでも目的は、民主政治を不安定化させ、極右政党を躍進させることだったと思えます。

手口はこうでした。二〇一五年の九月九日に、ドイツ政府は、シリアでの戦争から五〇万人を受けいれると発表していました。ロシアは九月三〇日に民間人を標的にするシリアでの空爆を始めました。難民を発生させておいて、ロシアはそれからある家族についての物語《ナラティヴ》を提供しました。二〇一六年一月に、ロシアのマスメディアはこんなストーリーを広めたのです。少しのあいだ行方不明になっていたロシア系の一三歳の少女が、ムスリムの移民たちによって続けざまにレイプされていたというのです。勘ぐりたくなるほどの敏捷さで、ドイツの右翼組織は、反政府の抗議を組織しました。地元警察が国民にそうしたレイプはなかったと説明しましたが、ロシアのメディアは地元警察のことを、隠蔽に走ったと告発しました。ロシアの外交官たちでさえその見せ物に加わったのです。

アメリカ大統領と国家安全保障担当補佐官がロシアと一緒にテロリズムと戦うと口にする際には、彼らがアメリカ国民に提案しているのは「テロの操作」のことなのです。つまり、民主制を倒すために、ほんもの、疑わしいもの、似せたものとありますが、テロ攻撃を悪用することとです。現大統領とウラジーミル・プーチンのあいだの最初の電話会談のことを、ロシアが要約してこう伝えています。二人は「共通の最大の敵に対して提携する必要があるという意見で一致した。すなわち国際テロリズムと過激主義《エクストリミズム》である」と。

暴君にとって、ドイツ国会議事堂《ライヒスターク》火事の教訓は、一瞬の衝撃が永遠の服従をもたらしうるということでした。私たちにとっての教訓は、恐怖や悲嘆が当然の場合であっても、私たちの組織や制度の破壊を許してはいけないということです。勇気というのは、恐れを抱かぬことや悲嘆に沈んだりしないことを意味しているわけではありません。勇気が意味しているのは、テロ攻撃のあった瞬間から一刻も早く「テロの操作」を認識し、抵抗することなのです。まさにそうするのがきわめて困難に思えるときに、それをやるのです。

ジェームズ・マディソンは、暴政は「何らかの好ましい非常時に」姿を現すのだ、という素晴らしい主張を残しました。ドイツ国会議事堂《ライヒスターク》火事の後で、ハンナ・アーレントはこう記しています。「私は、誰であれ単純に傍観者たりうるという意見にはもう与《くみ》しない」と。

19 愛国者《ペイトリオット》たれ

来るべき世代のために、アメリカが持つ意味について良き手本となってください。彼ら彼女らにはそうした手本が必要となりますから。

愛国心《ペイトリオティズム》とは何でしょうか？　まず、愛国心に悖《もと》るものから始めてみましょう。

自分は徴兵逃れをしていながら、戦争の英雄とその家族を嘲るのは、愛国心に悖ります。自分が新たに取得した会社で、現役の空軍軍人を雇用の面で差別したり、障害を持った退役軍人をトランプタワーに近づけまいとするのは、愛国心に悖ります。ニューヨークでの性交渉の相手探しを、自身は逃れたベトナムでの軍務と比較するのは、愛国心に悖ります。アメリカの勤労世帯は実際に税金を納めているというのに、自分は税金逃れをするのは、愛国心に悖ります。そうした税金を納めているアメリカの勤労世帯に自分の大統領選挙運動に献金するように依頼しながら、その献金を自分の持つ会社に用立てるのは、愛国心に悖ります。

外国の独裁者《ディクテーター》を崇拝するのは、愛国心に悖ります。ムアンマル・アル＝カッザーフィー（カダフィ大佐）との関係を深めるのも、バッシャール・アル＝アサドやウラジーミル・プーチンは卓越した指導者だと発言したりするのも、愛国心に悖ります。ロシアにアメリカの大統領選挙に介入するよう訴えるのは、愛国心に悖ります。選挙戦の集会でロシアのプロパガンダを引用するのは、愛国心に悖ります。ロシアのきなくさい新興財閥《オリガルヒ》と同じコンサルタントを使うのは、愛国心に悖ります。ロシアのエネルギー会社に出資している者に外交政策の助言を求めるのは、愛国心に悖ります。ロシアのエネルギー会社に雇われている者によって書かれた外交政策のスピーチを読み上げるのは、愛国心に悖ります。ロシアのプロパガンダ機関から金を受け取っていた者を国家安全保障担当補佐官に任命するのは、愛国心に悖ります。ロシア＝アメリカ合弁のエネルギー会社の長であり、プーチンから「友好勲章」を受け、ロシアの金融筋ともつながっている巨大石油会社のCEOを国務長官に任命するのは、愛国心に悖ります。

ここでの要点は、ロシアとアメリカが宿敵同士でなければならない、ということではないのです。要点は、愛国心とはあなた自身の国に仕えることを意味している、ということなのです。

現大統領はナショナリストです。ナショナリストは愛国者と同じかといえばまるで異なります。ナショナリストは私たちに、私たちがなりうるいちばんひどい存在になれとけしかけ、そのうえで君らは最高だと私たちに告げるのです。ジョージ・オーウェルも書いています。「はてしなく権力、勝利、敗北、報復などについて考えているのに、しばしばナショナリストは、現実の世界で起きていることにはいくぶん無関心なものだ」。ナショナリストは相対主義者《レラティヴィスト》です。というのも、唯一の真実が、私たちが他者を考える際に感じるルサンチマンだからです。作家のダニロ・キシュが述べているように、ナショナリズムは「審美的にも、倫理的にも、なんら普遍的価値観を持たない」のです。

対照的に愛国者は、国民がその理想に沿って生きることを望みます。つまり、私たちに向かって私たちがなりうるいちばん良い存在になるよう求めるのです。愛国者は、彼や彼女の国が愛され維持される唯一の場所である「現実の世界」に関心を持たざるをえません。愛国者は、自分の国を判断する基準である普遍的価値観を持っていますし、いつでも自分の国がうまくゆくよう祈っていますし……自分の国が向上することも祈っています。

民主主義は一九二〇年代、三〇年代、四〇年代にヨーロッパで挫折してしまいました。そして今また、ヨーロッパのかなりの部分に加え、世界のたくさんの場所で挫折しかかっています。私たちに対し、未来で起こりうることがどこまで陰鬱な広がりを持っているのかを教えてくれるのは、そうした歴史と経験です。

ナショナリストならこう言うでしょう。「ここじゃそんなことは起きないよ」。この観方は大惨事への第一歩なのですが。対して愛国者なら、「ここでも起こりうるだろうけど、私たちはそれを止《とど》めなければならない」、そう口にするものです。

20 勇気をふりしぼれ

仮に私たちのうちの誰一人自由のために死ぬ気概がなければ、私たち全員が暴政《ティラニー》のもと死すべきさだめとなるのです。

エピローグ◆歴史と自由

シェイクスピアの『ハムレット』の主人公は、邪な支配者が突如出現したことに当然のごとく衝撃を受ける高潔な男です。幻影に取り憑かれ、悪夢にうちのめされ、孤独で疎外感に苛まれるハムレットは、時間の感覚を取り戻さねばならないと感じます。「世の中《ザ・タイム》の箍《たが》は外れてしまった。ああ、なんと呪われた因果か。それを正すために生まれついたとは！」とハムレットは語ります。私たちの世の中も間違いなく箍が外れてしまっています。どういうわけか、私たちは歴史を忘れてしまっているし、注意していないと、さきゆき歴史を蔑ろにしてしまうでしょう。仮に私たちが自由への関わり合いを取り戻したいなら、私たちは時間の感覚を甦らす必要があります。

ごく最近まで私たちアメリカ人は、将来というのはほぼ同じことのみ起きてゆくのだ、そう独り合点をしていたものでした。ファシズム、ナチズム、共産主義といった昔話めいたものとなったトラウマは、ますます見当違いなものになってゆくように思えました。私たちは、「歴史は自由な民主制という一つの方向にしか進まない」という認識である「必然性の政治」を受けいれてしまいました。東ヨーロッパの共産主義が一九八九年から九一年にかけて終わりを迎えた後に、私たちは「歴史の終焉」という神話を受けいれました。そうすることで、私たちは脇が甘くなり、想像力に制約をかけてしまい、けっして回帰しないだろうと自分に言い聞かせていた、まさにそんな種類の体制へと向かう道を拓《ひら》いてしまったのです。

なるほど、必然性の政治はちょっと見には歴史の一種に思えます。必然性を唱える歴史家たちは、過去・現在・未来があることを否定しません。はるか昔のことについては生彩のある多様性を考慮に入れさえします。それでも、彼らは、現在を未来への一歩に過ぎないと言ってのけます。その未来とは、私たちがもう知っているもの、拡大するグローバリゼーション、深まる理性、繁栄の伸張という未来なのです。これはいわゆる「目的論《テレオロジー》」です。たいていは望ましい目的へと生成発展する時間を述べるのが目的論です。共産主義も、必然的に出来《しゅったい》する社会主義的ユートピアを約束することで目的論を提供しました。四半世紀前にそのストーリーが打ち砕かれたときに、私たちは誤った結論を引きだしました――目的論を拒絶するのでなく、自分たちのストーリーが正しいんだと思ってしまったのです。必然性の政治は、自ら招いた知的な昏睡状態《コーマ》です。共産主義体制と資本主義体制との競争があるかぎり、またファシズムとナチズムの記憶が残っているかぎり、アメリカ人は歴史に注意を払って、選択できる将来を思い巡らすのを可能にしてくれるコンセプトを持たざるをえませんでした。けれど、ひとたび必然性の政治を受けいれてしまうと、私たちは歴史はもはや今日《こんにち》的な意味を持たないと決めてかかりました。過去にあったすべてが「わかりきった趨勢」によって支配されているなら、細かいことを知る必要はなくなるからです。

　必然性を受けいれることで、二一世紀における私たちの政治の語り方は現実味の薄いものとなってしまいました。それは政治論議を抑えつけましたし、一つの党が「現状《ステータス・クオ》」を擁護し、もう一方の党は完全否定するという政党制度を生みだしがちでした。私たちは基本的な制度には「他の選択肢《オルターナティヴ》などない」と口にすることを学んでしまいました。これは、リトアニアの政治理論家レオニダス・ドンスキスが「液状化する悪《リキッド・イーブル》」と呼んだ感覚です（同名著書の共著者のジグムント・バウマンが、もともと「液状化する近代《リキッド・モダニティ》」などのようにリキッドというメタファーを導入しています）。ひとたび必然性が当たり前と見なされると、批判もいかにも曖昧になります。批判的分析に見えるものでも、しばしば「現状」は実際には変化しえないと決め込んでしまい、そのことで間接的に現状を強化してしまうのです。

自由市場という考えが他のすべてを締め出してしまったという意味合いの「ネオリベラリズム」のことを批判的に語る者もいます。まさにその意味合いのとおりなのですが、たいていは「ネオリベラリズム」という語を使うこと自体が、変えることのできないヘゲモニーに追従するようなものなのです。かと思えば批評家の中には、テクノロジー面での技術革新の分析から借りてきた語ですが「ディスラプション」、つまり変革のための破壊の必要を唱える者もいます。政治の分野に適用されると、これもまた、「何一つほんとうには変われないのだ、私たちを興奮させる混沌《カオス》も結局は『自己調節機能《セルフレギュレーション》』によって吸収されるのだ」、そんな意味合いを伝えることとなります。フットボール場を裸で走って突っ切る男は確かに一時的な混乱は与える、つまりディスラプトしますが、ゲームの規則を変えるわけではありません。ディスラプションという概念全体が未成熟なのです。言ってみれば、ティーンエージャーが散らかしたあとで、大人が来て掃除するようなものです。

ただし大人は来てくれません。散らかしたものは私たちが自分で始末する羽目になるのです。

過去を考えるにあたっての第二の反歴史的な手法は、「永遠の政治」です。必然性の政治と同じく、永遠の政治も、種類は異なりますが歴史になりすましてしまうものです。過去に関心を寄せますが、自己陶酔型であり、事実への関心をまったく欠いている点で歴史とは呼べません。永遠の政治が心情的に憧れるのは、たしかに過去の節目節目にあたる時機です。ところが、そんなものは、現実は惨憺たるものであった過ぎし時代において、一度も訪れなかったのです。永遠の政治が唱える政治家たちは、私たちに対して、過去をこんな風に描き出します——霞がかった広い中庭があり、そこには、民族的な受難のもう読み取れなくなった記念碑が立ち並んでいる、と。ところが、どの記念碑をとっても、現在と接点がない点でも、改竄が可能な点でも、代わり映えがしないのです。彼らが過去に言及するときは、いつでも、「民族の純粋さが外部の敵から攻撃されるぞ」と言っているように聞こえます。

ナショナル・ポピュリストは永遠の政治を唱える政治家です。彼らが好んで引き合いに出す時期は、民主的な共和国が打ち負かされてそのライバルのナチスとソヴィエトの勢いを止《とど》めようがないと思えた時代、つまりは一九三〇年代だったのです。イギリスのEUからの離脱、そう「ブレグジット」を唱えた者たちは、イギリスという国民国家を思い描いていましたが、そんなものは存在していなかったのでした。イギリス帝国なるものはありました、そしてEUの構成国としてのイギリスもありました。EUから離れようという動きは一歩退いて固い地面へ着地というのでなく、未知なるものへと一歩跳ぶことなのです。気色の悪いことに、裁判官たちがブレグジットのために議会での投票が必要だとした際に、イギリスのタブロイド紙の一つは彼ら裁判官を「人民の敵」と呼びました。人民の敵とは、一九三〇年代の見せしめ裁判《ショウトライアル》でスターリニストが用いた言葉です。フランスの国民戦線は、戦前のフランスの国民国家という想像上のものの名を借りて、ヨーロッパというものを拒絶するよう投票者にさかんに説いています。ただしフランスは、イギリスと同じで、帝国抜きであるいはEUという大事業なしで存在したことはこれまでなかったのです。ロシア、ポーランド、ハンガリーの指導者たちは一様に、一九三〇年代の輝かしいイメージへと向けて、今述べたイギリス、フランスと同じような意思表示をしています。

二〇一六年の選挙運動で、現大統領は「アメリカ・ファースト」というスローガンを用いましたが、これはアメリカ合衆国がナチス・ドイツと対立するのを妨げようとした委員会の名前なのです。現大統領の首席戦略官は、「一九三〇年代のようにエキサイティング」になる政策をとると約束しました。現大統領のスローガン「メイク・アメリカ・グレート・アゲイン」における「アゲイン」とは厳密にはいつを指してのことだったか？ ヒントを差し上げましょう。「二度と再び《ネヴァーアゲイン》」の中のと同じアゲインなのです。現大統領自身が一九三〇年代の形態での体制の変革を、現在の諸問題への解決法として描いてきました。曰く、「あなた方は何がそれを解決するかを知っているか？ 経済が崩壊するとき、国がくたばってしまうとき、何もかもが大惨事となるときにだよ」。彼の考えでは、私たちに必要なのは「我々がグレートだった頃にいたところへ戻るための反乱さ」となります。

永遠の政治においては、神話化された過去のもたらす魅力のために、私たちはありうべき未来について考えることができなくなります。自分を犠牲者としてくよくよする習慣は、自己修正しようとする気力を萎えさせます。民族や国家というものを将来のポテンシャルよりも固有の美点で規定してしまうので、政治は現実の障害を解決する方法について議論するよりも善と悪とについての議論になってしまいます。危機は恒常的だから、非常時という意識はいつでも存在します――未来のために計画を立てることが不可能、それどころか忠誠心を欠くとまで見られてしまうのです。敵がいつも門のところで待ち構えているなら、私たちはどうやって改革のことなど考えられようか、というわけです。

仮に必然性の政治がすでに述べたように昏睡状態《コーマ》のようなものなら、永遠の政治は催眠状態《ヒプノーシス》のようなものです。私たちは循環する神話という渦をじっと眺めているうちにトランス状態に陥ってしまうからです——そうなると私たちは、誰か他の人間の命令で衝撃的なことを行ってしまうのです。

私たちが現在直面している危険は、「必然性の政治」から「永遠の政治」への移行であり、ナイーヴで欠点のある「民主共和制」から、混乱しシニカルな「ファシスト的寡頭政治」への移行です。必然性の政治は、それが昨今受けているような類の衝撃には恐ろしく脆弱です。何ものかが神話を砕いてしまうとき、世の中の箍が外れてしまうとき、私たちは、自分たちの経験しているものを体系化する何らかの別種の方法を先を争って見出そうとします。いちばん抵抗の少ない道は、まっすぐに必然性から永遠に向かうことです。仮にあなた方が「どんなことも最終的にはうまくゆくんだ」とかつて信じていたなら、そんなあなた方のことを、「最終的には何一つうまくゆかないんだ」とまるめこむこともできるでしょう。仮にあなた方が、「進歩は必然なのだ」と考えてかつて何もしなかったなら、今度は「時はいく度もいく度も循環している」と考えることで相も変わらず何もしないままでいられますね。

　必然性の政治も永遠の政治も、どちらの立場も反歴史的なものです。両者のあいだに立つものは唯一、歴史そのものです。歴史によって私たちは、パターンを見抜いて判断することができます。歴史は、私たちがその中で自由を探し求められるような体制の見取り図を描いてくれます。どれもが異なっているがまるでユニークなものは一つもない、そんな瞬間瞬間を、歴史は露わにしてくれます。ある瞬間を理解することは、自分も手を貸して別の瞬間を生み出す可能性を持つことなのです。歴史のおかげで私たちは責任を持つことができます――何に対してもとはゆきませんが、何かに対しては責任を持つことができます。ポーランドの詩人チェスワフ・ミウォシュは、そうした責任という観念が孤独や無関心を阻む力になると考えました。歴史によって私たちは、私たち自身が行ってきたよりも、苦しんできたよりも、もっと多くを行い、たくさん苦しんできた人間たちと近づきになれるのです。

　必然性の政治を唱えることで、私たちは歴史が眼中にない世代を育ててしまいました。今や必然性の約束がこれほどあからさまに破られたのですから、こうしたアメリカの若者はどのように反応するのでしょう？　おそらく彼らは、必然性から永遠へとさっさと移行するのでしょう。そうであってはならず、彼らが――これまでの世代が彼らの前に仕掛けた必然性の罠と永遠の罠とに陥らず――歴史的視点をきちんと持った世代になることを望まなければいけないのです。一つのことは確かですね。仮に若者が歴史をつくってゆこうとするのでなければ、必然性の政治を唱える政治家と永遠の政治を唱える政治家とが歴史を破壊してしまいます。そう、歴史をつくるためには、アメリカの若者は知識をいくらかでも持たなければならなくなります。よって、これは終わりではなく始まりなのです。

「世の中《ザ・タイム》の箍《たが》は外れてしまった。ああ、なんと呪われた因果か。それを正すために生まれついたとは！」かくしてハムレットの登場です。ただし、ハムレットはそれに続けて一幕五場をこう締め括っています。

「いや、さあ、一緒にゆこう」。

解説

歴史は現代に警告する

国末憲人

米東海岸ニューイングランド地方の冬は、重苦しい曇天の下、色彩に乏しい。二〇一六年二月、コネティカット州ニューヘイヴンのイェール大学にティモシー・スナイダー教授を訪ねた日も、小雨が寒々と降りしきっていた。

灰色に染まったキャンパスの一角、古風な独立家屋の二階に位置する研究室で、教授は私を待っていた。

「今の世界は、一九三〇年代といくつかの共通点があるように思えて仕方ありませんね」。

三〇年代は、ドイツでナチスが台頭した時期にあたる。一つひとつ慎重に言葉を選びつつ、教授は語った。

『ブラックアース』の警告

きっかけとなったのは、その二年前から緊迫化していたウクライナ情勢だった。

二〇一四年二月、ウクライナで「マイダン革命」と呼ばれる民主化運動が起き、ヤヌコヴィッチ強権主義政権が倒された。ヤヌコヴィッチの後ろ盾となってきた隣国ロシアのプーチン政権は、混乱に乗じる形でウクライナ南部のクリミア半島を事実上併合し、ウクライナ東部の親ロ派勢力も支援して紛争状態に陥れた。新聞社の国際担当論説委員だった私は以後、取材で現地に何度か通い、二〇一六年一〇月のウクライナ統一地方選にあたっては欧州安全保障協力機構（OSCE）国際監視団の一員として民主化支援の活動にも携わった。その過程で手にしたのが、この地域の歴史を描いた教授の著書『ブラックアース』だった。

「ブラックアース」とは、ウクライナの黒く肥沃な土壌を意味している。第二次大戦中、自国の食糧供給に危機感を抱いたヒトラーは、この大地を標的と定めて侵攻した。それが、ホロコースト（ユダヤ人大虐殺）の大きなきっかけとなった。ホロコーストはドイツのユダヤ人の身に起きたことだと思われがちだが、実際には犠牲者の九七パーセントが当時のドイツ以外におり、その主舞台がウクライナと隣のポーランドである。その詳細を、声高でなくむしろ静かな筆致で描いた同書は、ごく普通の人々が虐殺に手を染めていくプロセスをあぶり出し、すでに米国や欧州で大きな反響を呼んでいた。

この本の圧巻は、今後の世界でホロコーストのような大虐殺が起きうる可能性を予測した最終章にある。アフリカや中東などの小国だけでなく、世界秩序の枠組みを構成するロシア、中国、さらには米国といった大国さえも、ふとしたきっかけから大虐殺に突き進む。そのような可能性を教授は警告していた。

なぜ悲劇がふたたび起きうるのか。防ぐには何が必要なのだろうか。

次の大虐殺は……

向き合ったスナイダー教授は、ホロコーストの教訓として主に三点を指摘した。

①被害者意識

虐殺を起こす人々は、自らを「犠牲者」と位置づける。ナチスも同様だった。国際的な陰謀にさらされていると考えた彼らは、すべての行為を「自分たちを守るため」と正当化した。

②国家機能の喪失

虐殺を防ぐことができるかどうかは、国家の制度が維持されているかどうかと、深く結びついている。「ドイツという国家が強大化してホロコーストを起こした」と考えられがちだが、それは誤りだ。ホロコーストは、ソ連によって国家が破壊され、無法地帯となった地域で起きたのである。

③生存パニック

自分たちの生存が脅かされている、との危機感がパニックを招き、虐殺のような行動につながる。食糧供給を可能にする「生存圏」の確保を目指したヒトラーは「ドイツの存亡を賭けた戦いが迫っている」と信じ込み、ユダヤ人こそがこの戦いを妨げていると考えた。同様の意識は、一九九〇年代に大虐殺が起きたルワンダ、さらには現代のシリアの情勢にも共通している。

では、次の大虐殺はどこで起きるのか。「予言ではありません。いくつかの要因が存在することを指摘したいだけです」と教授は留保しつつ、食糧供給に危機感を抱く中国、主権国家を平然とないがしろにするロシアがそれぞれ抱える問題を指摘した。なかでも興味深かったのは、米国が持つ危うさへの教授の考察である。ヒトラーが科学に対して「ユダヤ人がつくったもの」として不信感を抱いたように、現代の米国にも科学の基礎を疑う傾向がうかがえるという。「米国は先進国で唯一、人口の相当部分が地球温暖化を信じようとしない国です。中国に『生存圏』問題があり、ロシアは『破壊的国家』だとすると、米国のお家芸は『科学の否定』です」。

文明国である自分たちは、野蛮な行為とは無縁だ——。そう高をくくる自国への戒めの言葉だった。

米国が抱える危うさ

折しも、米国では大統領選の候補者選びが始まっていた。話題の中心は、放言や派手なパフォーマンスを繰り広げる共和党のドナルド・トランプだった。私がスナイダー教授に会ったのは、「いずれ失速する」との下馬評をはねのけて意外にもトランプが各州で勝利を重ね始めていた頃である。それでもまだ、彼が党の指名を受け、ましてや本選でヒラリー・クリントンを打ち破るなどと、多くは予想していなかった。

教授はこの時すでに、トランプに大いなる危惧を抱いていたようだ。彼はトランプを、フランスの右翼「国民戦線」党首マリーヌ・ルペンになぞらえて論じた。

「『ルペンやトランプがファシストになる』などと言いたいわけではありません。ナショナル・ポピュリズムとファシズムは別のものです。ただ、もしこの二人がフランスや米国の大統領になれば、ファシズムを想起させるような何かをするでしょう。それは、一つの兆候です。ファシズムが到来したことを示す印ではなく、ファシズムが到来し得ることを示す印なのです。彼らの次に、もう一つ別のステップがあるでしょう。ポピュリズムの先に、ファシズムを含むもっと悪いものが待っているかもしれません」。

マリーヌ・ルペンは翌年五月のフランス大統領選決選で敗れたものの、トランプがそれ以前に秋の選挙で勝利を収めて合衆国第四五代大統領に就任したのは、周知のとおりである。その後、スナイダー教授が抱いた懸念は現実のものとなりつつある。トランプはジャーナリズムや市民の批判を無視し、司法の独立性を軽視し、オバマ前政権が進めた地球温暖化対策を全面的に見直そうとする。怪しげな側近たちがうかがわせる不透明な関係は、極右や人種差別主義者から、ロシアのプーチン政権にまで及ぶ。本稿を執筆している二〇一七年六月初旬も、大統領選でのロシア介入疑惑を捜査していた連邦捜査局（FBI）の長官をトランプが解任し、捜査妨害の疑いを持たれて特別検察官が任命されるに至っている。

このような状況下、トランプ政権と向き合う米国市民、ひいてはポピュリズム・権威主義政権下に置かれた世界の人々のために書かれたのが、本書『暴政』である。

教育者としての問いかけ

本書は、トランプ型の暴政と闘う人々のためのマニュアルとして機能する。米国では、この小さな冊子を片手に街頭に繰り出す人もいるだろう。

ただ、本書は決して、饒舌な書物ではない。市民の怒りを喚起したり、闘争に駆り立てたりするパンフレットともほど遠い。本書は、スナイダー教授が「教育者」「研究者」「歴史家」としての立場から思索を重ね、その成果を社会に還元しようと試みた「警世の書」と位置づけられる。

著者の姿勢は、その「1　忖度による服従はするな」との呼びかけに、顕著に示されている。強制されたり命令されたりしての行動よりむしろ、市民の側が権力の意向を推し量り、自ら統制される立場に身を投げることの危険性を指摘する。ヒトラーが政権に近づいた、新たな指導者に仕えようと多くの市民が自主的に奉仕した。その歴史に基づく教訓である。

求められるのは、服従の危険性を指摘する掛け声に従ってみんなで大声を上げることではない。権力に従って思考を放棄する行為が愚かなように、反権力の呼びかけに無批判に応じるのもまた浅はかだ。何より、市民一人ひとりが自ら考え、自らの意見を持ち、自ら判断を下さなければならぬ――。

スナイダー教授はイェール大学で教壇に立つ一方、欧米各地で講演活動を展開している。その語り口はあくまで平易で、明快である。命令調でも説教調でもなく、言葉と表現を選びつつ、研究の過程で出会った発見やエピソードを緩やかなテンポで紹介する。そこから生まれる課題を投げかけ、人々に思考と議論を促し、戻って来た質問に真摯に答える。

その口調に似て、『暴政』でも、彼は飾り気のない平明な言葉を、淡々と綴る。事実と考え方の枠組みを示すことで、判断と行動は読者に委ねる。若者たちに思考を促す教育者としての矜持と自制を感じさせる姿勢である。

虐殺は多くの場合、大衆自身が手を下す。教授が何よりまず、読者に対して自覚を促すのも、そのような認識からだろう。扇動に引きずられず、安易に服従せず、自ら考え行動することこそが、暴政に対する最も有効な対抗手段となる。この考えは、「5　職業倫理を忘れるな」、「8　自分の意志を貫け」、「18　想定外のことが起きても平静さを保て」などにもうかがえる。

決め手となる国家制度

本書には、著者の研究者としての成果も、随所に反映されている。

インタビューでも強調したように、「国家の制度が崩れた時に虐殺が起きる」というのが教授の持論である。ウクライナやポーランド、バルト三国は、ドイツが侵攻する前にソ連の支配下にあり、国家の機能が徹底的に破壊された。それが、後からやってきたナチスの大規模な虐殺を可能にした。秩序なき空間だったからこそ、ごく普通の人々がナチスに協力して虐殺に手を染めることになったのである。

同様に多数のユダヤ人が連行されて命を落としたものの、北欧やフランスなど国家の制度や行政機構が維持された国々では、前者の地域ほど虐殺の規模が広がらなかった。

ウクライナ語、ポーランド語を含む一〇言語を解するスナイダー教授は、旧東欧や旧ソ連の各地で長年調査を続けてきた。ドイツ語主体の研究者がアクセスできなかった多数の文献に接して導き出されたのが、国家の制度の持つこのような役割である。本書の「2 組織や制度を守れ」の提言も、こうして得られた教訓に基づいている。「私たちが品位を保つ助けとなっているのは組織や制度なのです。また、組織や制度の方でも私たちの助けを必要としています」(本書一八頁)と述べ、諸制度の崩壊こそが混乱と危機を招くと警告する。

トランプ政権の行状を見ると、行政機構の役割や機能を無視し、思いつきとトップダウンの命令で物事を動かそうとする姿勢が顕著にうかがえる。浮足立つことなく、行政と市民が結束して無理な要求をはねつけていく姿勢こそ不可欠だと思えるのである。

『ブラックアース』以前にも、スナイダー教授はやはりホロコーストをテーマとした『ブラッドランド』、ウクライナ・ハプスブルクの創設を夢見たヴィルヘルム・フォン・ハプスブルクの生涯を描いた『赤い大公』などを世に問うており、中東欧史研究者としての世界的な評価が定着している。その論理は大胆で、著名な強制収容所アウシュヴィッツよりもポーランド東部にあった絶滅収容所の役割に注目するなど、従来のホロコースト研究の常識を打ち破るものが少なくない。その評判は広範囲に及ぶ。私が訪れたウクライナやポーランドでも、出会った人々が教授の著書を話題にする場面にしばしば遭遇した。

その研究については、いくつかの異論があるのを記しても、評価の妨げにはならないだろう。私自身、ウクライナ西部の街リヴィウで地元のユダヤ教指導者から教授への批判を聴かされたことがある。ナチスの求人に応じて多数のソ連市民がユダヤ人虐殺に加担する過程は、教授が明らかにした研究成果の一つだが、この指導者は「ナチス自体が持つ残虐性を弱めかねない言説だ」と反論していた。これも、教授の学説がそれだけ議論を呼び起こしていることの証左であろうと考える。

歴史家としての使命感

本書の行間にもう一つうかがえるのは、歴史家としての使命感である。

スナイダー教授は二〇一七年一月に初来日し、慶應義塾大学や聖心女子大学などで講演した。その合間に顔を合わせた私は、一つの疑問を投げかけてみた。英国のEU離脱決定、トランプ政権誕生と、予想の範囲を逸脱した出来事が昨今相次いでいる。世界はどこに行くのか、と。

教授の説明は明瞭だった。私たちが仰天するのは、物事が起きた理由とそれが意味するところを理解しかねるからだ。しかし、過去の記憶と重ね合わせることで、驚きは相対化できる。その次に何がやってくるかも、推測が可能になる。

現在の世界を、教授は一〇〇年あまり前の状況になぞらえた。

「近年の出来事はグローバル化の反動として起きたもので、それ自体驚くべきことではありません。一九世紀末のグローバル化の際も、同様の反動現象が歴史に刻まれていますから。重要なのは、かつてのファシズムのように最も危険な兆候がその中に潜んでいないかどうかを見分けることです」。

今の現象を目の前にしているからこそ、歴史に立ち返る必要がある。本書の背景にも、同様の思いがあるに違いない。

いま、特定の民族や宗教、少数者や異端を攻撃する言動が世界にはびこっている。ポピュリストやナショナリスト、宗教過激派、ヘイトスピーチが大手を振る。その扇動や挑発が、やがて人々の憎悪を高め、惨事の再現に行き着かないか。

危機感を失わないためにも、折に触れ、歴史を振り返りつつ物事を考えたい。悲劇の現場を訪ね、そこで起きたことに思いをはせつつ、現代の世界を見つめ直したい。

押し寄せるポピュリズムの波

スナイダー教授自身は「ポピュリズム」という用語をあまり使用していないものの、本書がいわゆる「ポピュリスト」政治家を念頭に書かれているのは明らかだ。物事を善悪二元論に単純化し、移民やエリート、国際機関などを敵やスケープゴートと定めて攻撃することで人々の支持を集める。世の中が邪悪なエリートに支配されており、自分たちは善良な民衆を代表していると位置づける。そのような言動を取る政治家や政党は、トランプやルペンをはじめ、オランダやオーストリアの「自由党」、ドイツで台頭した「ドイツのための選択肢」（ＡｆＤ）と、近年花盛りである。右翼に限らず、ベネズエラのチャベスや米民主党のサンダース、スペインの運動「ポデモス」といった左翼ポピュリズムも南米や地中海諸国で活発だ。

その動きは、世界を覆いかねないうねりとなっている。

ポピュリズムがその力をはっきりと見せつけたのは、二〇一六年六月に英国でＥＵ離脱の是非を問うた国民投票だった。この国では、ＥＵ離脱を主張するポピュリスト政治家ナイジェル・ファラージ率いる「連合王国独立党」（ＵＫＩＰ）が国民投票を求め続け、これに踊らされた当時の首相キャメロンが「離脱などありえない」との見通しのもとに実施に踏み切った。しかし、その時々の風潮に結果が左右されがちな国民投票は、民主政治の鬼門である。離脱派のデマとプロパガンダの攻勢に押しきられ、僅差で「離脱」の結果が出た。これは、英国のみならず、ＥＵの安定も大きく損なうことになった。

その年の一一月にあった米大統領選がもたらした衝撃は、言うまでもない。多くの米国市民はトランプを見くびっていた。世界はその結果、稀代のポピュリストを超大国の指導者として抱くことになったのである。

翌二〇一七年四月から五月にかけて実施されたフランス大統領選では、右翼「国民戦線」のマリーヌ・ルペンが決選に進出し、ポピュリズムの流れが欧州大陸に押し寄せるかどうかの岐路となった。ここでルペンが勝利を収めたら、EUは危機に瀕し、国際秩序も多大な影響を受けていただろう。最終的にエマニュエル・マクロンが当選を果たし、EU協調の姿勢は堅持されたものの、土俵際で何とか残ったのが現実である。

これら欧米のポピュリスト政治家たちは、多かれ少なかれロシアのプーチン政権と関係を結び、物質面精神面の双方で支援を受けている。国民戦線は約九〇〇〇万ユーロにわたる融資をロシア側から受け、トランプ陣営の幹部らも選挙期間中にロシアと密接に連絡を取り合っていた。ロシアを扇の要として、権威主義・ポピュリズムを通じた巨大なネットワークがつくられつつあるように見える。これは、新たな冷戦なのだろうか。

プーチンが画策する権威主義・ポピュリズム連合は、かつての社会主義・共産主義ほどの明確なイデオロギーを築いていない。一種の統治上の手法であり、その内実は近代化や合理化に逆行する懐古的な要素を多分に含む。この勢力が今後いかに力を蓄えようと、民主主義と対抗するだけの理念や価値観を生み出すには至らないだろう。その意味で、もともと袋小路の潮流に過ぎないかもしれない。ただ、その強権的抑圧的な態度は、市民社会の発展を阻害し、安定と繁栄を大きく損ないかねないのも確かである。

私は二〇一四年にロシア併合下のクリミア半島を、翌年には紛争に巻き込まれたウクライナ東部ドネックを訪れた。そこで目にしたのは、市民の尊厳や自主性を無視して自分勝手な秩序を押しつけようとするロシアと、新秩序から排除されて行き場を失う少数派市民の姿だった。このような社会が欧州に、米国に、到来しないといえるだろうか。トランプ政権下の米国、EU離脱決定後の英国では、その兆候がすでにうかがえるのである。

ポピュリストと向き合うために

近年の政治学の研究には、ポピュリズムの危険性に注目する見方と、その可能性を評価する見方が存在する。たとえば、二〇一七年に邦訳が出たプリンストン大学教授ヤン＝ヴェルナー・ミュラー氏の『ポピュリズムとは何か』は、多元性を否定するポピュリズムの特性に焦点を当て、その危うさを強く告発する。スナイダー教授も、おおむね同様の危機感を共有しているといえる。一方、アルゼンチン出身の政治思想家故エルネスト・ラクラウ氏は、既存の勢力に対抗する政治結集の手段としてポピュリズムを積極的に評価した。スペインの「ポデモス」などはラクラウ理論を実践に移し、人々を結集する手段としてポピュリズムを利用している。

ポピュリズムはたぶん、その双方の側面を持つだろう。グローバル化の敗者として屈辱感を抱く人々にとって、ポピュリスト政治家は確かに、希望をもたらす存在として立ち現れている。トランプやルペンが台頭したのも、トランプが「ラストベルト」（錆び付いた地帯）と呼ばれる工業荒廃地域で、ルペンがフランス北部の旧炭鉱地帯で、行き場を失った大衆の意識を地道にくみ上げたからである。まとまった政治勢力になりにくい人々の不安、不満、怒りの声を結集した彼らの営みは、ある意味で評価に値する。

問題は、その過程で彼らが扇動やプロパガンダを駆使し、スケープゴートを攻撃し続けた、その手法にある。加えて、多様性を認めず、「民衆の声」を口実に少数意見を抑圧する傾向がポピュリストの多くに見られるのも、否定できない。ひとたび政権を握ると、ロシアのプーチン、トルコのエルドアンといった権威主義的な指導者と同様に、人権や言論の自由、民主主義そのものをむしばむ恐れが拭えない。実際、トランプ、ルペンをはじめ世界のポピュリスト政治家は、プーチンの暴政に統治の手法を学ぼうとしている。

本書を手に取る人の大多数は、おそらくトランプやルペンの言説に惑わされない、良識を備えた知識層に属しているだろう。それは好ましいことなのだが、願わくばそうでない、ポピュリストを支持する人々にも、この本が届くよう願う。彼らが本書と著者に共感したり反発したりすることで、議論が活発になるだろう。格差と分断が激しい現代において、最も求められるのは、このようなきっかけから生まれる対話である。スナイダー教授自身もきっとそれを望んでいると思うのである。

（朝日新聞ＧＬＯＢＥ編集長）

訳者あとがき

昨年一一月八日にドナルド・トランプがプレジデント・エレクトになってから、アメリカでは古典的なディストピア小説が次々とベストセラーになる現象が見られた（本書の項目9も参照）。本年一月二〇日の就任から四ヶ月経ったが、政権運営の体をなしておらず、「ロシアゲート」をはじめとするスキャンダル続きで今や弾劾の可能性も噂される破天荒な大統領には、アメリカ人ならずとも困惑と警戒心を抱いている人が多かろう。本書『暴政』——原著は *On Tyranny: Twenty Lessons from the Twentieth Century* で刊行は二月二八日——は、ティモシー・スナイダー・イェール大学教授による緊急出版であり、これまでもっぱらマッシヴな評伝や歴史書をものしてきた教授があたかもパンフレッティーアの系譜に連なったかのような趣きがある。スナイダー教授は昨年一一月一六日にFBに箇条書きの「こんにちの状況にふさわしい二〇世紀の歴史に学ぶ二〇のレッスン」を載せた。その二〇のレッスンに示唆とエピソードに富んだ文章をつけてそれぞれを項目立てにしたのが、本書の成り立ちである。原著がまさに洛陽の紙価を高めているのはひとりアメリカにとどまらないが、翻訳権の取得実績も四〇言語に達する勢いと聞く。教授は精力的に本書についてのインタビューに応じているが、つい先ほども教授のFBの「次の世代が自由な国家で生きられるかどうかは今後の数週間か数ヶ月間にかかっている……」という投稿を見たばかりである。「『ポスト・トゥルース』とは『ファシズム前夜《プレファシズム》』のことなのです」（本書六七頁）と記す教授の危機感のほどが窺われる。

歴史学界のスターであるティモシー・スナイダー教授の著作を日本の一般読者に紹介したのは、二〇一四年の拙訳『赤い大公――ハプスブルク家と東欧の20世紀』という評伝の傑作であった。本年一月には教授自身が初来日を果たし、慶應義塾においても拙訳『ブラックアース――ホロコーストの歴史と警告』（原著は二〇一五年、訳書は二〇一六年）とまったく同じ演題での講演をお願いしたが、立ち見の出る聴衆に深い感銘を与えた。昨年四月にホロコーストをめぐるロングインタビューを載せ、メディアにおける紹介者ともいえる国末憲人氏も講演会場に顔を出された（インタビューに赴かれる一週間前に、訳者がちょうど翻訳中の『ブラックアース』について熱く語り合ったことが思い出される）。国末氏の著書や記事の愛読者として本書の「解説」はぜひとも氏にと思い厚かましいお願いをしたが、短い日数ですばらしい解説を寄せてくださったことに感謝申し上げる。

秘密結社にもなじまぬ日本社会に生きるナイーヴな訳者のこと、陰謀論の類は好まないが、翻訳に当たってプーチン、トランプなどの言動を再度確認して、ポピュリスト的 and/or 権威主義的な指導者の前世紀から変わらぬやり口にあらためて溜息をついた。「こんにちのアメリカ人が、二〇世紀に民主主義がファシズム、ナチズム、共産主義に屈するのを眺めていたヨーロッパ人よりも聡明なわけではありません。私たちにとって一つ有利な点を挙げれば、私たちがそうした二〇世紀のヨーロッパ人の経験から学べるだろうということです」（本書一〇―一一頁）。ただ、本書から汲み取れる教訓はダイレクトに政治的なものに限られず、まさに多岐にわたっている。本書のいくつかの項目にまたがるが、二次元《ヴァーチャル》な世界から離れよう、三次元《リアル》な世界に生きよう、そして読書や紙媒体メディアへ回帰しよう、といったものも含まれる。

今年は、アフリカン・アメリカンの知性タナハシ・コーツによる『世界と僕のあいだに』――昨年一一月にこの書で全米図書賞を受賞。原題は *Between the World and Me*――を二月に、そして本書を七月にと、やむにやまれぬ気持ちで訳した書の刊行が続く。高見順の小説から題名だけを借りるが、このところの世相には「いやな感じ」を覚えてならない。スナイダー教授からも「政治家連中は一九三〇年代は素晴らしい時代だったと思わせたがっている。警戒して欲しいと読者に伝えていただけまいか」というメッセージが再度送られてきた。せめて、ヒトラーは「おおむね民主的な手続きを経て政権の座に就いた」（本書一〇一頁）ことくらいは記憶に留めておきたい。

二〇一七年五月二〇日

池田年穂

[著者]
ティモシー・スナイダー（Timothy Snyder）
1969年オハイオ州生まれ。イェール大学歴史学部リチャード・レヴィン講座教授。オクスフォード大学でPh.D.を取得。専攻は中東欧史、ホロコースト史、近代ナショナリズム研究。邦訳されている著書として『赤い大公――ハプスブルク家と東欧の20世紀』『ブラックアース――ホロコーストの歴史と警告』（共に慶應義塾大学出版会、2014年、2016年）、『ブラッドランド――ヒトラーとスターリン 大虐殺の真実』（2015年）、インタビュアーを務めたトニー・ジャットの遺著『20世紀を考える』（2015年）がある。11のヨーロッパ系言語（とりわけスラヴ系言語）を駆使することで、ホロコースト研究に新しい地平を拓いた。ハンナ・アーレント賞をはじめ多彩な受賞歴を誇る。有力紙誌への寄稿も数多い。

[訳者]
池田年穂（いけだ　としほ）
1950年横浜市生まれ。慶應義塾大学名誉教授。ティモシー・スナイダーの日本における紹介者として、本書のほかに『赤い大公――ハプスブルク家と東欧の20世紀』『ブラックアース――ホロコーストの歴史と警告』（慶應義塾大学出版会、2014年、2016年）を翻訳している。ほかにタナハシ・コーツ『世界と僕のあいだに』（同、2017年）、マーク・マゾワー『国連と帝国――世界秩序をめぐる攻防の20世紀』（同、2015年）、アダム・シュレイガー『日系人を救った政治家ラルフ・カー』（水声社、2013年）など多数の訳書がある。

暴 政
——20世紀の歴史に学ぶ20のレッスン

2017年7月25日　初版第1刷発行
2017年7月31日　初版第2刷発行

著　者————ティモシー・スナイダー
訳　者————池田年穂
発行者————古屋正博
発行所————慶應義塾大学出版会株式会社
〒108-8346　東京都港区三田2-19-30
TEL〔編集部〕03-3451-0931
〔営業部〕03-3451-3584〈ご注文〉
〔　〃　〕03-3451-6926
FAX〔営業部〕03-3451-3122
振替 00190-8-155497
http://www.keio-up.co.jp/
装　丁————耳塚有里
印刷・製本——中央精版印刷株式会社
カバー印刷——株式会社太平印刷社

Printed in Japan ISBN 978-4-7664-2438-6